Genossenschaftliche Zeit- und Streitfragen
begründet von
Ludolf Parisius und Dr. Hans Crüger,
fortgeführt von
Dr. Hans Crüger.

Heft 7. Heft 7.

Vorträge

zum

Bürgerlichen Gesetzbuch

und

Handelsgesetzbuch

gehalten

auf den Allgemeinen Genossenschaftstagen
der deutschen Erwerbs- und Wirthschaftsgenossenschaften

von

A. Gebhart,
Justizrath,
Stellvertretender Verbandsdirektor des Verbandes Pfälzischer Kreditgenossenschaften.

Berlin 1903.
J. Guttentag, Verlagsbuchhandlung,
G. m. b. H.

Inhaltsverzeichniß.

I.

Die Gesetzgebung und die Genossenschaften.

Vortrag,
gehalten auf dem 40. Allgemeinen Genossenschaftstage zu Berlin,
1899.

Meine Herren, die Genossenschaft ist eine alte, echt deutsche rechtliche Institution. Nur in Deutschland konnte dieser lebensvolle Zusammenschluß der Einzelnen zu einer Gesammtpersönlichkeit eine so mächtige Entwickelung erfahren. Wie Sie ja wissen, fußte die ganze alte deutsche Gemeinde- und Wirthschaftsverfassung auf dem Prinzip der Genossenschaft; auch die Verfassung der Städte, namentlich in dem 12. bis 15. Jahrhundert, fußte auf dem Rechtsboden der Genossenschaft. Die Geschlechter hatten sich zu Innungen zusammengeschlossen, zu Zünften die Handwerker; und zu welch mächtigem, einflußreichen Gebilde diese sich emporgearbeitet hatten, zeigt uns jedes Blatt der Geschichte aus jener Zeit; sie giebt uns aber auch die Lehre, daß dieses Blühen der Genossenschaften nur so lange dauerte, als sie die Prinzipien der genossenschaftlichen Selbsthülfe, Selbstverantwortlichkeit und Selbstzucht pflegten, daß sie aber zu Grunde gingen, sobald sie dem Egoismus verfielen.

Mit der Rezeption des römischen Rechts war den Genossenschaften der Todesstoß gegeben. Das römische Recht, ein starres Recht des Egoismus, ein Recht des unerbittlichen Individualismus, konnte sich mit Rechtsgebilden nicht befreunden, die auf dem Boden des Altruismus entstanden waren. Und gerade in Deutschland war für diese Genossenschaften der richtige Boden gegeben, sich zu entfalten, weil hier die langsame Entwickelung der Staatsidee die nöthige Unabhängigkeit gab. Sobald aber das römische Recht kam und dem Polizeistaate die Wege ebnete, war es mit der Entwickelung dieser Rechtsbildung fertig; sie wurde vollständig getödtet, und zwar so vollständig, daß man sagen kann, daß mit dem Beginn dieses Jahrhunderts kaum die Männer der Wissenschaft eine Vorstellung hatten von der Genossenschaft in alter Zeit. Erst durch Maurer in seinem epochemachenden Werk wurden wir wieder aufmerksam gemacht auf dieses Rechtsgebilde der alten Zeit, und die Noth hat uns gelehrt, sie wieder praktisch zu machen. Die moderne kapitalistische Entwickelung, welche den mittleren und kleineren Mann in seiner Selbständigkeit bedrohte, mußte Veranlassung geben, nach Wegen zu suchen, auf denen der kleine und mittlere Mann seine Selbständigkeit wahren kann. Und diesen Wurf gethan zu haben, die Genossenschaft wieder praktisch in das wirthschaftliche Leben eingeführt zu haben, verdanken wir unserem hochverehrten Schulze-Delitzsch. Er hat in den Jahren 1849 und 1850 unter widrigen Verhältnissen und im Kleinen angefangen, die Handwerker zu sammeln, um viribus unitis sich in den wirthschaftlichen Kampf zu stellen. Diese Genossenschaften, wie sie Schulze-Delitzsch sich dachte, sind freie wirthschaftliche Assoziationen, die das mächtige und wichtige Cooperationsprinzip zum Ausdruck bringen sollen.

Nun, wirthschaftlich ist es für ein Individuum das größte Glück, wenn es verklagt werden kann, denn ohne dieses Glück hat es keine wirthschaftliche Existenz; es bekommt niemals Kredit, wenn nicht der Kreditgeber weiß: ich kann unter Umständen meine Gegenleistung gerichtlich erzwingen. Ist man aber nicht im Stande, von jemand wirthschaftlich auf dem Klagewege etwas zu erzwingen, dann ist es mit seiner wirthschaftlichen Existenz nicht weit her.

Die heutigen Genossenschaften hatten keine rechtliche Persönlichkeit; man hätte versuchen können, ihnen Korporationsrechte geben zu lassen. Aber Schulze-Delitzsch war sich zu klar bewußt, daß, wenn man bei den damaligen politischen Verhältnissen diesen Versuch gemacht hätte, man den Genossenschaften den Todesstoß versetzt hätte; denn der Staat hätte ohne erhebliche Rechtseinräumung hinsichtlich der Beaufsichtigung die Korporationsrechte wohl nicht ertheilt. So blieb Schulze-Delitzsch nichts übrig, als unter dem Deckmantel der erlaubten Privatgesellschaften des preußischen Landrechts die Genossenschaften in das Rechtsleben einzuführen. Was Schulze-Delitzsch in seinem Buch, die Volksbanken, schon sagte, bleibt immer wahr; er sagte:

> „In jedem Falle bleibt die Stellung der Genossenschaften in Ermangelung fester, speziell für sie anwendbarer Rechtsnormen, eine schwankende, von den wechselnden Ansichten der Gerichte, nicht selten von dem guten Willen des Gegenpartes abhängig, und sie sind genöthigt, zu Umwegen ihre Zuflucht zu nehmen, um nur den nöthigen Rechtsschutz zu erlangen — ein Zustand, der, in jeder Weise mißlich, mancherlei Gefahren, unnütze Kosten und Widerwärtigkeiten zur Folge hat.“

Deshalb ging Schulze-Delitzsch daran, einen eigenen Gesetzentwurf auszuarbeiten; er legte ihn auf dem zweiten Verbandstage in Gotha vor, der ihn auch genehmigte. Der Entwurf wurde aber nicht dem preußischen Landtage vorgelegt, weil mittlerweile von den deutschen Regierungen der Entwurf eines deutschen Handelsgesetzbuchs vorgelegt wurde. Aber auch das deutsche Handelsgesetzbuch konnte den neuen Institutionen nicht gerecht werden. Vermöge der Eigenthümlichkeiten, die die Genossenschaft auszeichneten, konnte sie unter keine der im Handelsgesetzbuch aufgenommenen Gesellschaftsformen untergebracht werden, und der Berichterstatter Lasker hat in seinem Berichte die Nothwendigkeit anerkannt, daß für die Genossenschaften eigene gesetzliche Bestimmungen zu erlassen wären. Schulze-Delitzsch hatte in seinem Gesetzentwurf von 1860 noch bescheidene Wünsche. Ihm war es vor allen Dingen darum zu thun, die Korporationsrechte und das zu erringen, was man im Juristendeutsch „die perpetuirliche Succession" nannte. Er beanspruchte, daß die Genossenschaft als eine besondere und eigenthümliche Art der Gesellschaft den anderen Handelsgesellschaften vollständig gleichgestellt würde, und so brachte er am 10. März 1863 einen neuen Gesetzentwurf im Abgeordnetenhause ein. Dagegen verhielt sich die Regierung ablehnend, wenn auch nicht unfreundlich. Der Gesetzentwurf wurde in der Kommission durchberathen, das preußische Abgeordnetenhaus wurde aufgelöst und so war die Arbeit vergebens gewesen. — Mitte 1864 beschwerte sich Schulze bitter, daß — so wenig wie von anderen Regierungen — von der preußischen, trotz gegebener Zusicherung, etwas geschehe, um endlich die Frage der gesetzlichen Regelung der Genossenschaften in die Wege zu leiten. Aus den Erklärungen der Regierung ging hervor, daß man als Gegengabe für die rechtliche Selbständigkeit der Genossenschaften eine Genehmigung durch die Verwaltungsbehörde verlangen wolle, wogegen sofort auf Schulzes Veranlassung der 7. Allgemeine Vereinstag in Stettin Stellung nahm und erklärte, daß die Genossenschaften von der Regierung keine Wohlthat weiter verlangen, als die gesetzliche Regelung ihrer privatrechtlichen Stellung.

Der hierauf vorgelegte Regierungsentwurf zeigte, wie richtig Schulze damals die Sachlage aufgefaßt hatte. Denn dort war die Anerkennung der Rechtspersönlichkeit der Genossenschaften abhängig gemacht von der Anerkennung der Genossenschaft durch die Verwaltungsbehörde. Das konnte natürlich nie und nimmer gehen; es konnten die Genossenschaften sich nicht gefallen lassen, als freie wirthschaftliche Assoziationen ihre erste Lebensäußerung von der Willkür des Staates abhängig zu machen. — Die Regierung legte im Jahre 1866 einen neuen Entwurf vor, der davon Abstand nahm, und hier zeigte sich, welch Meister in der Beschränkung Schulze-Delitzsch war. Obwohl der Gesetzentwurf dem Bedürfniß der Genossenschaften nicht überall gerecht wurde, so hatte er ihm doch seine Mitwirkung gegeben, und so kam endlich am 27. März 1867 das erste preußische Gesetz zu Stande. Damit hatten nach 20 Jahren die Genossenschaften erst das erreicht, was, wie gesagt, die Lebensbedingung für jedes wirthschaftlich sich geltend machende Individuum ist, damit hatten sie die Rechtspersönlichkeit erreicht.

Mittlerweile hatten sich in Deutschland große politische Veränderungen vollzogen: es war der Norddeutsche Bund gegründet worden. Es war aber kein rechter Zug darin, den Genossenschaften gerecht zu werden, und nun nahm Schulze-Delitzsch, der voraussah, daß für die deutschen Genossenschaften eine segensreiche Entwickelung nur möglich sei, wenn ein eigenes Recht für diese bestehe, die Sache in die Hand, und nach anfänglichem Zögern bot er alle Kräfte auf, daß das preußische Gesetz als norddeutsches Bundesgesetz erklärt wurde, was am 4. Juli 1868 geschah. Damit waren die Wege noch nicht geebnet. In verschiedenen Staaten des Norddeutschen Bundes waren eigene Genossenschaftsgesetze erlassen. Die Ueberleitung der Partikulargesetzgebung war den einzelnen Regierungen auf dem Wege der Verordnungen überlassen; und das war sehr unglücklich. Nun dauerte es bis 1869, bis alle Staaten des Norddeutschen Bundes thatsächlich dieses Gesetz eingeführt hatten. In Bayern war durch ein Gesetz von 1869 die Stellung der Genossenschaften geregelt, in Hessen durch Gesetz vom 4. August 1869, in Baden durch Gesetz vom 11. Februar 1870. Beachtenswerth ist, daß damals im bayerischen Gesetz schon Genossenschaften mit beschränkter Haftpflicht als sogenannte registrirte Gesellschaften angeführt waren.

Jetzt kam die große Zeit des Jahres 1870. Wir waren e i n Volk geworden, und es war selbstverständlich, daß das norddeutsche Bundesgesetz, betreffend die Genossenschaften, möglichst bald Reichsgesetz werden müßte. Es wurde auch eingeführt in den süddeutschen Staaten; aber auch hier waren wieder große Schwierigkeiten zu überwinden. In Bayern geschah dies unter dem 1. August 1873. Es trug lange Bedenken, weil die Regierung an den rigistrirten Gesellschaften mit beschränkter Haftpflicht festhalten wollte. Den Bemühungen der bayerischen Genossenschaften gelang es aber, daß die Regierung ihre Bedenken aufgab, und somit war nun ein einheitliches Recht für die Genossenschaften gegeben. Damit war eigentlich erst die Luft zum Leben und zu einer gedeihlichen Entwickelung der Genossenschaften, welche sich ja nicht an die Schlagbäume der einzelnen Länder halten konnten, sondern mit Allem, was damit zusammenhing, über die engeren Grenzen hinausschweiften, und der nöthige Ellenbogenraum zur gedeihlichen Entwickelung gegeben. Wie ich schon erwähnte, haben die Bestimmungen dieses Gesetzes durchaus nicht den Wünschen der Genossenschaften in allen Richtungen entsprochen, und ich kann nur betonen, daß es hauptsächlich Schulze war, der für das Zustandekommen dieses Gesetzes gewirkt hat, und daß er hier sich zeigte als der Beherziger dieses Grundsatzes: „Das Bessere ist der Feind des Guten". Er wollte lieber das weniger Gute nehmen, als dem Besseren nachjagen, was damals nicht zu erlangen war und die Genossenschaften auf Jahrzehnte aus ihrer Entwickelung herausgeworfen hätte.

Nun ruhte Schulze-Delitzsch nicht, die Fehler und Mängel des Genossenschaftsgesetzes zu beseitigen. Schon 1876/77 stellte er im Reichstage den Antrag auf Revision des Gesetzes; 1878 wiederholte er seinen Antrag und im März desselben Jahres beschloß der Reichstag:

> „In Erwägung, daß das Bedürfniß für eine Revision des Gesetzes, besonders aber in der Richtung anzuerkennen sei, den Beginn der Mitgliedschaft der beitretenden Genossenschaften und den zulässigen Zeitpunkt des sog. Umlage-Verfahrens festzustellen, den Reichskanzler aufzufordern, den Entwurf eines Genossenschaftsgesetzes vorzulegen."

Aber Jahre vergingen, ohne daß etwas erfolgte; auf eine Interpellation Schulze's vom 8. Dezember 1882 erklärte die Regierung, ein neues Genossenschaftsgesetz vorlegen zu wollen. Schulze schrieb die Materialien zum Genossenschaftsgesetz, in denen er resignirt sagte, daß auf seine persönliche Betheiligung mit einiger Sicherheit wohl nicht gerechnet werden könnte. Das hat sich leider zu bald erfüllt. Schulze starb, ohne daß dieser Gesetzentwurf vorgelegt wurde, der erst im Sommer 1888 an den Reichstag kam. Sie erinnern sich noch, welche lebhafte Kontroversen dieser Gesetzentwurf damals auf dem Allgemeinen Vereinstage in Erfurt hervorrief. Stürmisch ging es her; die Meinungen waren sehr getheilt. Auch im Reichstage wurden verschiedene Abänderungsvorschläge gemacht; allein der Gesetzentwurf, der auf einer richtigen Basis aufgebaut war, wurde im Großen und Ganzen Gesetz mit einigen Abänderungen, und so wurde am 1. Mai 1889 ein neues deutsches Genossenschaftsgesetz vollzogen, das am 1. Oktober 1889 in Kraft trat. — Daß dieses Gesetz eine wesentliche Verbesserung der rechtlichen Stellung der Genossenschaften mit sich brachte, wird sich nicht bestreiten lassen; denn die von Schulze selbst gestellten Anträge und die Wünsche der Genossenschaften sind in entgegenkommendster Weise berücksichtigt worden.

Eine kurze Skizze werden Sie mir wohl erlauben. Die Genossenschaften beruhen darauf, daß der Einzelne seine volle Kraft einsetzt für das Ganze und daher auch für das Ganze haftet. Die unbeschränkte Haftpflicht ist an und für sich das Fundament der Genossenschaften. Vor Erlaß des Gesetzes von 1867 hatten die von Schulze-Delitzsch gegründeten Genossenschaften, als sie noch keine Rechtspersönlichkeit hatten, dieses Prinzip in der denkbar schärfsten Form. Jeder Einzelne haftete sofort dem einzelnen Gläubiger für die ganze Forderung. In dem Gesetz von 1867 wurde dieses Prinzip jedoch gemildert; es wurde eine subsidiäre Haftung eingeführt, welche die Genossenschaften in eine Zwischenstellung zwischen Aktiengesellschaften und offenen Handelsgesellschaften brachte. Das Gesetz vom 4. Juli 1868 brachte wiederum eine Schwächung, indem es das sogenannte Umlageverfahren einführte, wodurch, im Falle des Konkurses einer Genossenschaft nunmehr diejenigen Beträge, die nicht gedeckt werden, in einem besonderen Verfahren auf die Genossen umgelegt werden sollen. Abweichend waren die Verhältnisse in Bayern und Sachsen. Hier war die Befugniß gegeben, die direkte Haftung durch Statut auszuschließen; Bayern hatte, wie schon erwähnt, die beschränkte Haftpflicht gesetzlich festgelegt. Das Gesetz von 1889 hat neben den Genossenschaften mit unbeschränkter Haftpflicht solche mit beschränkter zugelassen. Wir haben uns oft darüber auf den Genossenschaftstagen unterhalten, und wir wissen, daß Schulze-Delitzsch, der ein begeisterter Anhänger der unbeschränkten Solidarhaft war, weil er sie in der damaligen Zeit für unerläßlich hielt, auch später sagte: unter gewissen Verhältnissen ist auch das Prinzip der beschränkten Haftung nicht auszuschließen, namentlich, weil er die Umwandlung gut situirter Genossenschaften in Aktiengesellschaften gemieden haben wollte. So wurde sie denn auch in das Gesetz aufgenommen.

Was den Vollzug dieser Haftung anlangt, so war er

schon 1868 ziemlich abgeschwächt; es konnten die Gläubiger nicht mehr jeden Genossenschafter sofort beim Schopf fassen. Allein der Beginn des Umlageverfahrens, das erst nach Ausschüttung der Konkursmasse eintrat, konnte die Genossenschafter in die schlimmste Lage bringen; denn wer von den Genossenschaftern ein weites Gewissen hatte, konnte sein bischen Vermögen in Sicherheit bringen. Das neue Gesetz hat das Umlageverfahren als einen besonderen Theil des Konkursverfahrens ansehen, mit dem sofort begonnen werden kann, so daß für unredliche Manipulationen nicht mehr viel Zeit übrig bleibt.

Ferner hat man im Reichstage im neuen Gesetze noch weiter eine Milderung eintreten lassen, indem man Genossenschaften mit unbeschränkter Nachschußpflicht einführte, die aber eine bescheidene Existenz führen. Als wichtiges Moment hatte Schulze ferner hingestellt, die unanfechtbare Festsetzung des Termins, an welchem Jemand Mitglied einer Genossenschaft wird oder aus derselben austritt. Maßgebend hierfür müsse, wie das auch im Gesetz Ausdruck gefunden hat, die Eintragung in die gerichtliche Liste sein.

Die Vertretung der Genossenschaft liegt in den Händen des Vorstandes, die Kontrole übt der Aufsichtsrath aus, und die Gesammtheit der Genossen hat nur in der Generalversammlung die Befugniß, ihre Rechte geltend zu machen.

Ein wichtiger Punkt ist die Einführung der obligatorischen Revision. Schulze-Delitzsch hat immer darauf gedrängt, daß die fakultative Revision eingeführt werde; er hat durchaus nicht gefunden, daß das ein Eingriff in die Selbständigkeit der einzelnen Genossenschaften sei, er hat richtig erkannt, daß gegenüber der verantwortungsvollen aber einflußreichen Stellung von Vorstand und Aufsichtsrath die Genossenschafter auf den Generalversammlungen allein nicht ihr Kontrolrecht ausführen können. Man hatte sich gesträubt gegen die Einführung der obligatorischen Revision, auch noch in Erfurt; aber ich glaube, daß die Befürchtungen, die man an die Einführung der obligatorischen Revision knüpfte, in den 10 Jahren, in denen sie besteht, sich als unbegründet dargestellt haben, besonders, nachdem es den Genossenschaften durch den Zusammenschluß in Revisionsverbände ermöglicht ist, vollständig freie Wahl in der Person ihrer Revisoren zu haben.

Damit war nun den Genossenschaften der Boden gegeben, sich ruhig weiter zu entwickeln und es war ein Bedürfniß zu einer Aenderung vorläufig noch nicht gegeben. Aber bald entstand eine große Agitation namentlich gegen die Konsumvereine. Sie wissen, es ist eine Verschlechterung des Gesetzes von 1889 gegen früher, daß den Konsumvereinen verboten worden ist, an Nichtmitglieder zu verkaufen, und den Kreditgenossenschaften, an Nichtmitglieder Darlehen zu geben. Es war dies Verbot bezüglich der Konsumvereine ein Messer ohne Klinge, da auf die Uebertretung dieser Bestimmung keine Strafe gesetzt war. — Nun ging damals die Agitation gegen die Konsumvereine los, und es mußte schließlich die Regierung eine Novelle vorlegen, die am 12. August 1896 in einer verschärften Form ihre Erledigung fand, in welcher das Verbot des Verkaufs an Nichtmitglieder mit Strafe bedroht wurde und in die auch weitere Beschränkungen und Belästigungen der Konsumvereine aufgenommen wurden. Nur die landwirthschaftlichen Konsumvereine und Genossenschaften fanden Gnade vor dem Gesetzgeber, und in ihrem Interesse wurde damals die Zulässigkeit des sogenannten „Stiftungsfonds" gesetzlich ausgesprochen.

Nicht ganz intakt wird das Genossenschaftsgesetz durch die Einführung des Bürgerlichen Gesetzbuches bleiben. Unsere Organisation wird zwar wenig berührt, aber selbstverständlich wird die ganze Bethätigung unseres wirthschaftlichen Lebens, die Gestaltung der Rechtsverhältnisse eine andere werden und wir werden ganz neuen Rechtsverhältnissen gegenüberstehen.

Vor allem hat eingegriffen hier das Einführungsgesetz zum neuen deutschen Handelsgesetzbuch. Theilweise hat es kleinere Aenderungen gebracht, wohin ich namentlich rechne die Bestimmung, daß jede Genossenschaft in das *Register ihres Sitzes* eingetragen werden muß, um rechtliche Existenz zu erlangen; hauptsächlich haben sie den Zweck, die Uebereinstimmung mit dem Rechte der Aktiengesellschaften, insofern nicht eine Abweichung durch das Statut der Genossenschaften geboten ist, herbeizuführen. Bemerkenswerth ist eine Bestimmung, wonach den Genossenschaftern gestattet ist, einen Generalversammlungsbeschluß anzufechten, nicht wie bisher, wenn die Einberufung oder die Ankündigung der Generalversammlung nicht in der rechtlichen Form geschah, sondern wenn ein *Genossenschafter unberechtigter Weise zur Generalversammlung* nicht zugelassen wurde. Das wäre eine Handhabe, um den Fall zur Entscheidung zu bringen, wenn einer Genossenschaft ein genügendes Lokal für die Generalversammlung nicht zur

Verfügung steht, in dem alle Genossenschafter Platz haben. — Wir waren im vorigen Jahre der Ansicht, daß nur dann, wenn die Genossenschaft nicht alle Diligenz aufwendet, um ein passendes Lokal zu finden, die Anfechtung eines Beschlusses der Generalversammlung möglich ist; dies wird auch unter der neuen Bestimmung ausschlaggebend sein.

Neu sind auch die Bestimmungen, welche die §§ 90a bis d in das Genossenschaftsgesetz einschalten, und unter Umständen das Recht geben, eine Genossenschaft als nichtig erklären zu lassen, wenn das Statut nicht die erforderlichen wesentlichen Bestimmungen, die in Art. 6 und 7 und 125 des Genossenschaftsgesetzes vorgeschrieben sind, enthält, oder wenn eine Bestimmung der Statuten nichtig ist. Doch kann, wenn eine solche Klage erhoben wird, durch einen Generalversammlungsbeschluß die Nichtigkeit durch entsprechende Aenderung des Statuts geheilt werden. Das ist an sich logisch unrichtig; denn wenn die Genossenschaft nichtig ist, kann sie keine Beschlüsse fassen. Allein das praktische Bedürfniß ist mächtiger als die Konsequenzen der juristischen Logik, und man mußte sich auf diesem Wege helfen, um nicht große Verwickelungen herbeizuführen.

Ferner greift das Gesetz der freiwilligen Gerichtsbarkeit in das Genossenschaftsgesetz ein. Wichtig ist die Bestimmung des § 129, daß, wenn die zur Eintragung erforderlichen Erklärungen von einem Notar beglaubigt sind, dieser als ermächtigt gilt, im Namen der betr. Genossenschaft die Eintragungen selbst zu erwirken. Das ist eine wesentliche Erleichterung für die Vorstände der Genossenschaften. Und weiter hat dieser Notar das Recht der sofortigen Beschwerde, wenn den betreffenden Gesuchen nicht willfahrt wird. Der Registerrichter kann, wenn er findet, daß eine Eintragung mit Bestimmungen des Gesetzes in Widerspruch steht, von Amtswegen die Löschung einer solchen verfügen; nur muß er die Genossenschaft davon benachrichtigen und ihr eine Frist zum Widerspruche setzen. Ja sogar Generalversammlungsbeschlüsse kann der Registerrichter von Amtswegen löschen, wenn sie durch ihren Inhalt zwingende gesetzliche Bestimmungen verletzen und ihre Beseitigung im öffentlichen Interesse liegt. In diesem Falle ist eine Widerspruchsfrist von drei Monaten festgesetzt.

Das ist der Gang der Gesetzgebung, wie er bezüglich der civilrechtlichen Entfaltung der Genossenschaften sich uns darstellt und wie es vom 1. Januar 1900 ab Rechtens ist. Die Gesetzgebung hat aber auch in anderer Weise eingegriffen in die Genossenschaften und zwar nicht immer in erfreulicher Weise. So auf dem Gebiete der Gewerbepolizei. Die Genossenschaft ist eine Vereinigung Mehrerer zur Förderung der Wirthschaft des Einzelnen, also nicht eine Rechtsform, um auf Kosten Dritter sich einen Gewinn zu verschaffen. Ferner dürfen doch die Kreditvereine Darlehen an Nichtmitglieder nicht geben und ebenso die Konsumvereine an Nichtmitglieder nicht verkaufen. Man sollte also glauben, daß hier die Gewerbepolizei absolut nichts zu thun hat. Aber auch hier ist der Kampf gegen die Konsumvereine entbrannt, von allen Seiten wurde gegen sie angestürmt. Es wurde behauptet, sie ständen vermöge ihrer gesetzlichen Ausnahmebestimmung in einer günstigeren Position als andere Geschäfte, deren Betrieb ein ähnlicher sei; hierzu war aber keine Veranlassung gegeben, vielmehr mußte der Betrieb der Konsumvereine den gewerbepolizeilichen Vorschriften unterstellt werden. Es kam die Novelle von 1896, die die Genossenschaften unangenehmen gesetzlichen Bestimmungen unterwarf; so müssen die Konsumvereine, wenn sie eine Gastwirthschaft auch nur für Mitglieder betreiben, eine Konzession haben. Es widerspricht das zwar dem Charakter der Konsumvereine; aber wir haben selbst mit den Schnapskonsumvereinen so viel zu thun gehabt und immer die Ausmerzung dieser Wucherpflanzen aus dem Garten der Genossenschaften empfohlen, daß man schließlich sich gegen diese Bestimmung nicht zu stark sträubt. Die Regierung gab wohl als die Veranlassung für das gesetzliche Vorgehen die Mißbräuche, die vorgekommen sind, an; aber, wie der bayerische Minister von Landmann in seinem Kommentar mit Recht sagt: „beherrscht wurde die Vorlage von dem Gedanken, es sei kein hinreichender Grund vorhanden, die Konsumvereine von allen den Beschränkungen frei zu lassen, welche die Reichsgewerbeordnung den gewerblichen Betrieben ähnlicher Art auferlegt.“ Eins aber ist erreicht worden durch diese Bestrebungen: dadurch, daß man es für nöthig erachtet hat, die Konsumvereine gewissen gewerbepolizeilichen Bestimmungen zu unterwerfen, welche für andere Betriebe mit ähnlichem Inhalt gelten, ist ausgesprochen, daß an und für sich die Genossenschaften keine Gewerbetreibende sind.

Nun: „Wo alles liebt, kann Karl allein nicht hassen.“

Es ist wunderschön eingerichtet in unserem Deutschen Reiche, daß kein wirthschaftliches Individuum, das einen Groschen noch im Sacke hat, so melancholisch wird, daß es mit Koschat singen müßte: „Verlassen, verlassen bin i ꝛc.“ Einer ist immer da, der sich seiner liebevoll annimmt:

das ist der Herr Steuerfiskus, und der hat sich auch der Genossenschaft in liebevoller Weise angenommen. Ich brauche hier nicht näher auf die einzelnen Bestimmungen einzugehen. Sie kennen das preußische Gesetz von 1891, wonach Konsumvereine und Kreditvereine gewerbesteuerpflichtig sind; man fand schnell Mittel und Wege, um die Steuerschraube anzulegen.

In Bayern war die Behandlung der Genossenschaften in steuerlicher Beziehung eine solche, daß man sich nicht darüber beklagen konnte. Der Art. 18 des Gesetzes von 1881 spricht die Befreiung der Genossenschaften von der Besteuerung aus, wenn sie die Thätigkeit auf den Kreis ihrer Mitglieder beschränken, — nun kommt der Pferdefuß — nicht die Erzielung eines gewerblichen Gewinnes anstreben; zur Beurtheilung der Voraussetzungen der Steuerbefreiung ist der thatsächliche Betrieb des Unternehmens maßgebend. Damit war den Steuer-Ausschüssen die Handhabe gegeben, die Steuerbefreiung in den meisten Fällen illusorisch zu machen. In dem neuesten Gesetz vom Jahre 1899, das der Herr Anwalt erwähnt hat, werden die Konsumvereine direkt steuerpflichtig erklärt, mit Ausnahme der landwirthschaftlichen; desgleichen alle Vorschußvereine „mit ausgedehntem bankähnlichen Betriebe." Es ist dies, wie schon hervorgehoben, eine kautschukartige Bestimmung. Diese gesetzliche Neuerung ist vortrefflich kritisch behandelt in einem Aufsatze unseres verehrten Präsidenten Proebst in Nr. 15 der Genossenschaftsblätter des Jahres 1899.

In anderen Staaten geht es ähnlich. In dem hellen Sachsen haben die Gemeinden versucht, die Umsatzsteuer einzuführen. Wunderbar ist die Begründung, die die Stadt Suhl in der Provinz Sachsen für diese Steuer gegeben hat. Diese Stadt begründet die Umsatzsteuer damit: „Durch den Rückgang der Detailgeschäfte ist der Gemeinde ein Steuerausfall erwachsen, wir erheben von den Konsumvereinen eine Umsatzsteuer, weil diese die Ursache des Rückganges der Detailgeschäfte sind." Das Nähere können Sie in Nr. 4 des Jahrganges 1898 der Genossenschaftsblätter lesen. Das ging denn doch gegen den Strich und wurde nicht genehmigt. Sie sehen, wir müssen immer en vedette sein. Wir müssen immer protestiren, uns als Steuerobjekt verwerthen zu lassen. Die Versuche werden immer wieder kommen, und sie werden um so mehr kommen, je ruhiger wir sind. Also nur nichts gefallen lassen, mehr als zahlen kann man schließlich nicht.

Gegenüber dieser unfreundlichen Bethätigung in der Gesetzgebung des Genossenschaftswesens ist es erfreulich, anzusehen, einen wie großen Platz sich die Genossenschaftsbewegung in der neuen Gesetzgebung erobert hat. Die Genossenschaft ist ja, wie der Herr Anwalt schon anführte, nicht die Panacee für alle sozialen Schäden. Auf manche Gebiete paßt sie gar nicht hin, für andere ist sie dagegen wieder die einzig mögliche Form. In der neuen Gesetzgebung begegnet man fast überall dem Hinweise auf die Genossenschaften. So ist die ganze Versicherungsgesetzgebung auf dem Boden der Genossenschaften aufgebaut. In dem Gesetz über das Auswanderungswesen, in dem Gesetz, betreffend das Flaggenrecht der Kauffahrteischiffe, im Hypothekenbankgesetz, überall wird auf die Genossenschaften Bezug genommen.

Die Staaten haben sich nicht begnügt, Gesetze zu geben, um den Genossenschaften die Fortsetzung ihrer Thätigkeit zu ermöglichen, sie haben auch direkt, wie sie sagen, fördernd in die Genossenschaftsbewegung eingegriffen. Sie finden alles, was darüber zu sagen wäre, in der Festgabe, die unser verehrter Herr Anwalt, Dr. Crüger, dem 40. Genossenschaftstage gewidmet hat. Ich habe mit großer Freude gesehen, daß wir in dieser Frage übereinstimmen; ich bin der Ansicht, daß unsere Genossenschaften zwar höflich, aber entschieden sagen müssen: „Wir danken für die Förderung auf diesem Wege und hoffen immer noch, mit eigener Kraft vorwärts zu kommen.“ Aber eine andere Frage ist es, ob nicht der Staat unter gewissen Verhältnissen einzugreifen hat, wenn nämlich der wirthschaftliche Gegner so übermächtig wird, daß den Einzelnen der Zusammenschluß zu einem Ganzen nicht mehr hilft, um die Uebermacht zu brechen. Da darf er, dem Prinzip zu Liebe, diese Einzelnen nicht zu Grunde gehen lassen. Es ist wunderschön, wenn man liest: „Gestorben aus Prinzipientreu“; aber dem armen Todten wäre es viel lieber gewesen, wenn man ihm die schöne Grabsteininschrift hätte erspart. Wir wollen hoffen, daß das nicht so bald nöthig ist. —

Sie haben aus meinen Ausführungen ersehen, welche Kämpfe und Anstrengungen es gekostet hat, um den Genossenschaften das zu gewähren, was sie zum Leben unbedingt nöthig hatten: die Rechtspersönlichkeit; welche Hingebung es bedurfte, um die Sache in die Wege zu leiten, sie durchzuführen. Nur begeisterten und energischen Männern, wie Schulze und seinen Freunden, konnte es beschieden sein, den Erfolg zu erringen; sie mußten mit der größten Vorsicht operiren und manche Jahre ihre liebsten Wünsche zurückstellen, um nicht das Werk zu gefährden. Sie haben gesehen, wie Schulze-Delitzsch mit dem Todeskeim im Herzen seine Lehren seinen Jüngern als letztes Vermächtniß mitgab. Sie sehen, daß Schulze nicht der starre Mann war, als der er oft geschildert wurde. Er hing fest an dem Prinzip; aber wenn die wirthschaftlichen Verhältnisse sich änderten, war er der erste, der ihnen Rechnung trug. Hoffentlich ist uns beschieden, auf Grund der gegenwärtigen Gesetzesbestimmungen uns ruhig zu entfalten. Das Gesetz von 1889 ist ein gutes Gesetz; vollkommen ist keins. Nur die Novelle von 1896 hätte ich schon aus ästhetischen Gründen weggewünscht. Die Hauptsache ist, daß auf Grund dieses Gesetzes die Rechtsprechung sich entwickelt, daß Rechtsprechung und Wissenschaft mitwirken, um das Genossenschaftsgesetz zu einer gedeihlichen Wirksamkeit zu bringen. Und da kann ich aus meiner eigenen Erfahrung als Anwalt mittheilen, daß unsere Gerichte sich im Großen und Ganzen vollständig in den Geist des Gesetzes eingelebt haben und den eigenthümlichen Verhältnissen der Genossenschaften möglichst Rechnung tragen. Ich kann mich selten erinnern, daß ein Richterspruch, der in Genossenschaftssachen erging, mich getäuscht hat. Möge sich die Rechtsprechung so weiter entwickeln und wir werden keine Veranlassung haben, die Klinke der Gesetzgebung in die Hand zu nehmen.

Wir müssen aber auch Sorge tragen, daß nicht gegen einen Theil unserer Genossenschaften Ausnahmebestimmungen durchgeführt werden. Wir dürfen nicht sagen: was kümmern uns Kreditgenossenschaften die Konsumvereine! Nein „tua res agitur“! Wir müssen in der Beziehung immer solidarisch zusammenstehen.

Wir haben noch andere Genossenschaftsverbände, die dieselben Ziele erreichen wollen wie wir; auch mit diesen wollen wir in Frieden leben, uns aber nicht unsere Zirkel stören lassen: getrennt marschiren, vereint schlagen! Wir wollen an den Grundfesten der Selbsthilfe, der Selbstverantwortung und der Selbstzucht nicht rütteln lassen; wir würden uns sonst des gröbsten Undanks gegen Schulze schuldig machen. Dann werden aber auch die Genossenschaften blühen und gedeihen bis in unabsehbare Zeit, und dann wird in der Geschichte Schulze ein Denkmal gesetzt sein aere perennius, das noch fortdauern wird, wenn vielleicht das Denkmal, das am Freitag enthüllt werden soll, nicht mehr besteht.

II.

Rechtliche Natur und wirthschaftliche Bedeutung des Kontokorrentverkehrs.

Vortrag,

gehalten auf dem 41. Allgemeinen Genossenschaftstage zu Hannover, 1900.

Wenn Sie mit einem Bankier oder Kaufmann in Geschäftsverbindung treten und Sie beabsichtigen, mit demselben Geschäfte verschiedener Natur zu machen, so würde sich das thatsächliche und Rechtsverhältniß sehr komplizirt gestalten, wenn für jedes Geschäft ein eigenes Konto geführt und jedes als einzelnes Geschäft behandelt werden sollte. Nehmen wir an: Sie kommen am 1. Januar zum Bankier und verlangen ein Darlehn von 500 Mk., so muß er dieses entsprechend buchen. Am 1. Februar kommen Sie wieder und kaufen ein Werthpapier für 1000 Mk., das Ihnen kreditirt wird, so muß auch hierfür wieder ein neues Folio angelegt werden. Nun zahlen Sie am 1. März dem Bankier 600 Mk., da steht es Ihnen nun frei, zu sagen, auf welche Forderung Sie diese Summe bezahlt haben wollen. Das kann unter Umständen dem Bankier nicht passen. Wenn Sie nun am 1. April dem Bankier 700 Mk. Miethzins schuldig werden, müßte auch hier ein eigenes Konto geführt werden. Das gäbe riesige Unbequemlichkeiten, und ein solcher Geschäftsgang wäre rein unmöglich. Beide Parteien haben das größte Interesse daran, e r st e n s zu verhindern, daß der Schuldner das Recht habe, zu sagen, auf welche Leistung seine Gegenleistung verrechnet werden soll; z w e i t e n s ihren Geschäftsverkehr als einen einheitlichen zu betrachten und dahin zu wirken, daß die einzelnen Buchungen nur e i n e Ziffer bilden und daß in gewissen Zeiträumen abgerechnet werde und lediglich das Facit dieser Abrechnung das Maßgebende sei, so daß nicht mehr auf die einzelnen Geschäfte zurückgegriffen werden kann. Die kaufmännische Praxis hat das herausgefühlt und kam so zur Gestaltung desjenigen Instituts, welches man Kontokorrent nennt. Dieses Verhältniß ist so gestaltet, daß auf der einen Seite alle Leistungen des Kaufmannes und auf der anderen Seite die Leistungen des Korrespondenten notirt werden, daß dann in gewisser Zeit das Facit gezogen und dies die allein rechtliche Grundlage bilden soll.

Ein solches thatsächliches ökonomisches Verhältniß mußte selbstverständlich von der Rechtslehre und der Gesetzgebung geprüft werden: ist es überhaupt zulässig, solche Verfügungen zu treffen und den Geschäftsverkehr so zu gestalten, daß die einzelnen Posten höchstens für die Abrechnung einen Werth haben, daß sie dagegen einzeln rechtlich keine Bedeutung haben sollen? Von den Schriftstellern, die sich damit hauptsächlich befaßt haben, ist der Holländer Levy zu nennen, dessen Werk der hochverehrte Justizrath Risser übersetzt und mit Zusätzen versehen hat. Auch die Praxis mußte sich damit beschäftigen, und das Reichsgericht hat eine Reihe von Erkenntnissen in dieser Frage erlassen; Levy erklärt das Verhältniß wie folgt: A kommt zu B und sagt: Kann ich für eine Reihe von Angelegenheiten, die auf Empfang und Hingabe von Geld hinauslaufen, auf deine Hilfe rechnen? — und wenn B zustimmend antwortet, so ist zwischen Beiden eine ökonomische Verbindung eingetreten, welche von den Juristen Kontokorrent genannt wird.

Das Reichsgericht mußte sich bei der Entwickelung, die das Kontokorrentwesen nahm, selbstverständlich sehr häufig mit solchen Verhältnissen beschäftigen und konstruirte es als ein Rechtsverhältniß, welches den Zweck hat, die aus einem dauernden Geschäftsverkehr sich ergebenden Beziehungen zu vereinfachen und die Vielheit der gegenseitigen Ansprüche durch periodische Feststellung eines einzigen Posten, des sogenannten Saldo, zu ersetzen.

Die Gesetzgebung bei uns in Deutschland hatte sich sehr sparsam mit dem Kontokorrent beschäftigt; im Handelsgesetzbuche vom Jahre 1861 spricht vom Kontokorrent nur Artikel 291, der feststellt, daß Zins vom Zins genommen werden kann, und daß mindestens einmal jährlich abgerechnet werden soll. Das neue Handelsgesetzbuch beschäftigt sich eingehend mit unserer Frage in den §§ 355—357 und definirt den Kontokorrentverkehr in § 355 dahin, daß ein solcher vorliegt, „wenn Jemand mit einem Kaufmann derartig in Verbindung tritt, daß die aus der Verbindung entspringenden beiderseitigen Ansprüche und Leistungen nebst Zinsen in Rechnung gestellt und in regelmäßigen Zeitabschnitten durch Verrechnung und Feststellung des für den einen oder anderen Theil sich ergebenden Ueberschusses ausgeglichen werden“.

Die rechtliche Natur des Kontokorrents ist eine Vereinbarung eigener Art. Durch gegenseitige Feststellung eines Saldos werden alle einzelnen Forderungen beider Parteien getilgt und an ihrer Stelle entsteht eine eigene Forderung, die wie Phönix aus der Asche entsteigt: der Saldo. Es ist gerade so, wie wenn ein Chemiker aus verschiedenen Säuren und Basen eine neue chemische Substanz hervorbringt, die alle einzelnen Elemente, aus denen sie zusammengestellt ist, enthält, und doch eine neue, von diesen verschiedene Substanz ist; die einzelnen Elemente sind vollständig in ihr aufgegangen. Dieses Verfahren nennt man juristisch: Novation. Der Saldo, die neue Forderung, ist das einzige richtige, giltige Lebewesen geworden; es können im Kontokorrentverkehr die verschiedensten Forderungen enthalten sein, alle sind sie, wenn der Saldo gezogen und anerkannt ist, nicht mehr rechtlich existent.

Die wesentlichen Bedingungen für den Kontokorrentverkehr sind zwei: Erstens muß ein Geschäftsverkehr vorliegen, in welchem auf beiden Seiten Forderungen vorhanden sind. Wenn ein Kunde mit einem Kaufmann in einem längeren Geschäftsverkehr steht, der sich derartig gestaltet, daß der Kunde von dem Kaufmann Waaren bezieht, und daß auf der anderen Seite dem Kaufmann Abzahlungen gemacht werden, so ist dies, wenn es auch in Form von einer laufenden Rechnung gemacht, kein Kontokorrentverkehr; denn hier wird der Kunde immer nur Schuldner und die Leistungen, die er macht, sind darauf berechnet, die Schuld, die er an den Kaufmann hat, abzutragen. Es fehlt das wesentliche Merkmal des Kontokorrents, daß Jeder Gläubiger ist und sein soll, und daß der Schuldner hier kein Recht auf die Leistungen Seitens des Kaufmanns hat, während beim Kontokorrentverkehr Jeder ein Recht hat, daß ihm der Andere Leistungen macht.

Die hauptsächlichste Anwendung des Kontokorrents findet im Bankverkehr statt. Hier ist der Bankier verpflichtet, dem Kunden Kredit zu geben, den er ihm bis zu einer gewissen Summe zu leisten versprochen hat; innerhalb dieser Grenze steht es ihm nicht frei, dem Kunden Geld zu geben, sondern er muß es ihm geben.

Dieses Geschäftsverhältniß muß aber zweitens auf längere Dauer berechnet sein.

Wenn Jemand bei einem Bankier oder einer Genossenschaft sich Geld holt auf kürzere oder längere Dauer einmal oder öfter, so ist er noch kein Kontokorrentgeschäft eingegangen; er will nur zur Deckung seiner vereinzelten wirthschaftlichen Bedürfnisse Geld haben. Es ist daher grundfalsch, wenn solche vorübergehende Leistungen einer Genossenschaft in

Form des Kontokorrents gebucht werden; es giebt das ein falsches Bild von der Geschäftslage des Vereins und des Einzelnen. Es ist sehr bequem, dies im Kontokorrent zu machen. Zinsen und Provision werden zugeschlagen; da können Sie aber den Saldo ziehen, so oft Sie wollen, Sie werden nie die wesentlichen Vortheile des Kontokorrentverkehrs erzielen. Glauben Sie nur nicht, daß der Richter Ihnen hier Zinseszins bewilligen wird; das ist nach dem Bürgerlichen Gesetzbuche nicht zulässig, nur für den Fall des Kontokorrentverkehrs hat der Gesetzgeber eine Ausnahme gemacht. Also solche Geschäftsbeziehungen bilden keine Grundlage für den Kontokorrentverkehr, und wenn Sie es zehnmal so buchen, so können Sie deshalb nicht die Vortheile des Kontokorrentverkehrs beanspruchen.

Wie wird der Kontokorrentvertrag geschlossen? Das Gesetz giebt keine Bestimmung darüber; es ist nicht nöthig, daß er schriftlich gemacht wird, es genügt die praktische Uebung. Ist das Geschäftsverhältniß ein solches, daß auf beiden Seiten Leistungen zu erwarten sind, daß der Bankier verpflichtet ist, dem Kunden bis zu einer gewissen Summe Kredit zu gewähren, so liegt ein Kontokorrentvertrag vor. Nun ist zu empfehlen, daß, da das Kontokorrentverhältniß meistens mit Krediteröffnung zusammenhängt, die Krediteröffnungsverträge im Interesse der Genossenschaften wohl immer schriftlich gemacht werden, daß Sie zugleich in dem Vertrage bestimmen, daß die Behandlung dieses ganzen Kredits nach den Regeln und Grundsätzen des Kontokorrentverkehrs geschehen soll.

Wie § 355 des Handelsgesetzbuches sagt, ist es nothwendig, daß eine der beiden Parteien ein Kaufmann ist. Sie können auch mit einem Nichtkaufmann einen Kontokorrentverkehr eröffnen; das ist gleichgiltig, nur einer muß Kaufmann sein; und da die Genossenschaften Kraft Gesetzes Kaufleute sind, so ist es selbstverständlich, daß diese mit Jedem in Kontokorrentverkehr treten können.

Welches sind die Wirkungen des Kontokorrentverkehrs? 1. Bestehen während der Rechnungsperiode die einzelnen Forderungen drüben und hüben als selbständige rechtliche Existenzen, allein sie dürfen nicht geltend gemacht werden, sie sind gewissermaßen scheintodt, sie haben zwar das volle rechtliche Leben, aber sie können es nicht entfalten, sie gelten kreditirt bis zum Abschluß des Saldo. Wenn z. B. der Bankier Ihnen einen am 15. Januar 1900 fälligen Miethszins von

700 Mk. in den Kontokorrentverkehr aufnimmt, dann kann er nicht etwa kommen und sagen: meine 700 Mk. sind fällig, wenn Du sie nicht zahlst, lasse ich Dich exmittiren. Oder Sie verkaufen einem Kaufmann Waaren mit der ausdrücklichen Verabredung, daß am 1. März 1900 die Zahlung erfolgen soll; der Kaufpreis wird jedoch in das Kontokorrent aufgenommen, dann können Sie nicht sich auf die Verabredung berufen, sondern müssen warten bis zum Abschluß des Saldo. Bezüglich der Wechselforderung ist streitig, ob, wenn eine solche in den Kontokorrentverkehr aufgenommen ist und der Wechsel innerhalb der Periode fällig geworden ist, die Wechselklage erhoben werden kann. Die Gerichtspraxis bejaht die Frage. Wenn ein Wechsel im Kontokorrent zur Gutschrift gegeben wird und er kommt mit Protest zurück, kann er gegen den Kunden eingeklagt werden; selbstverständlich kann er gegen den Dritten, den Acceptanten, immer gerichtlich geltend gemacht werden.

Im Kontokorrentverkehr gelten ferner selbstverständlich auch nicht die gesetzlichen Bestimmungen über Aufrechnung von Zahlungen, weil Alles, was hingegeben wird, nicht eine Zahlung ist, sondern lediglich eine Leistung, welche in Folge der Verpflichtung gemacht wird, die durch den Kontokorrentvertrag übernommen ist.

Die weitere Wirkung ist die, daß durch die Ziehung und Anerkennung des Saldo alle bisher bestandenen einzelnen Posten wirklich todt werden, wenn ich mich so ausdrücken darf; nur der Saldo ist das einzig rechtliche existente Wesen, die einzige rechtliche Grundlage, auf der sich die Frage beantwortet: wer ist Gläubiger, wer ist Schuldner? Es können auch aus den einzelnen Posten keine Einwendungen mehr erhoben werden. Nur macht das Gesetz hier eine Ausnahme. Es sagt: selbst wenn der Saldo anerkannt ist, kann ein einzelner Posten herausgegriffen werden, wenn die Voraussetzungen der ungerechtfertigten Bereicherung (§ 812 B.G.B. und folgende) vorhanden sind. Sie haben z. B. am 1. Juli 1900 den Saldo anerkannt. Da finden Sie nun unter dem 15. Juni, daß der Bankier Ihnen 500 Mk. zur Last geschrieben hat, die Sie Ihrem Sohne, dem stud. cerevisiae Fritz Biermörder in Jena gesandt haben. Sie glauben es und machen dem Sohne Vorwürfe, daß er so viel Geld gebraucht hat; dieser leugnet, das Geld erhalten zu haben, es wird recherchirt — und richtig, der Bankier hat das Geld nicht abgesandt. Formell könnte der Bankier sich auf die Abrechnung und den Formel-Status des Saldo stützen und die Rückgabe der 500 Mk. verweigern;

aber: summum jus, summa injuria würde auch hier gelten; das Recht auf die höchste Spitze getrieben, würde Unrecht werden. Hier besteht kein Grund dafür, daß der Bankier um 500 Mk. auf Kosten des Kunden bereichert werden soll. Ein anderer Fall ist der: Der Vorschußverein X. hat mit seinem Kunden Börsengeschäfte gemacht, Differenzgeschäfte, und im Kontokorrentverkehr seinem Mitglied die Differenz zur Last gelegt. Wenn nun auch der Saldo anerkannt ist, kann der Kunde den Betrag der ihm zur Last gelegten Differenz abziehen, weil dies ein unerlaubtes Geschäft gewesen ist. Das sind zwei Beispiele, aus denen Sie wohl ersehen können, in welchen Fällen gegen den anerkannten Saldo ein Einwand aus einzelnen Posten erhoben werden kann.

Die Saldoforderung unterliegt der gewöhnlichen 30jährigen Verjährung. Ganz gleichgültig ist, daß einzelne Posten in kürzerer Zeit verjähren, z. B. Zinsen-, Wechselforderungen u. s. w. Sowie der Saldo gezogen ist, können Sie sich nimmermehr darauf berufen, daß der Saldo aus Forderungen, die in kurzer Frist verjähren, bestehe.

Eine weitere logische Forderung der novirenden Wirkung ist, daß die Sicherheit, welche für einzelne Posten gewährt ist, z. B. durch Hypotheken, Pfänder, Bürgschaften 2c., durch Ziehung des Saldo erloschen ist. Es haben eine Reihe von Vereinen schlimme Erfahrungen gemacht, wenn sie feststehende Forderungen aus Lombarddarlehen, Hypotheken in den Kontokorrent aufnahmen; es wurde Alles wegen der bequemen Buchung in den Wurstkessel des Kontokorrents geworfen, ohne zu bedenken, daß mit Ziehung des Saldos ein neues rechtliches Substrat gegeben ist. Das neue Handelsgesetzbuch hat hier aber eine wesentliche Konzession gemacht. Der § 356 bestimmt, daß, wenn in den Kontokorrentverkehr solche Forderungen, für die eine besondere Sicherheit gegeben ist, aufgenommen werden, diese auch noch bezüglich des Saldos geltend gemacht werden kann, aber nur in der Höhe der versicherten Forderung und in Höhe höchstens des Saldos. Nehmen Sie an, Sie haben in die erste Kontokorrentperiode ein Darlehn von 5000 Mk. aufgenommen, wofür sie eine Hypothek haben. Nun schließt der Saldo mit 3000 Mk. ab. Da können Sie nun diese Sicherung allerdings noch für den Betrag des Saldos geltend machen, aber nicht höher; und wenn er in der nächsten Periode 7000 Mk. ist, können Sie nicht sagen, hier steckt noch eine Hypothekenforderung von 5000 Mk. darin, sondern die Sicherung ist nur für die 3000 Mk. des ersten Saldos noch bestehend. Also, meine Herren, seien Sie da vorsichtig und nehmen Sie derartige feststehende Forderungen in gesonderten Konten auf, wenn es auch mehr Arbeit macht.

Im Kontokorrentverkehr sind alle Posten, auch wenn Sie nur Zinsen sind, verzinslich, und der Saldo ist natürlich wieder verzinslich, so daß eine große Ausnahme zu Gunsten des Kontokorrentverkehrs von der allgemeinen, gesetzlichen Bestimmung gemacht ist, daß Zinsen von Zinsen nicht genommen werden dürfen.

Noch eine Frage möchte ich berühren; erst vor ein paar Tagen hat ein Verein deswegen bei mir angefragt. Es kommt regelmäßig vor, daß der Bankier sich für den Saldo eine Sicherheit geben läßt. Nun wollen wir annehmen — das war der Fall —, Sie hätten einem Kunden einen Kontokorrentkredit bis 3000 Mk. eröffnet, wofür als Sicherheit eine erste Hypothek bestellt wird. Die 3000 Mk. sind gegeben, der Vorschußverein giebt nichts mehr, der Schuldner zahlt nicht ab; es werden durch einige Perioden lediglich Zinsen und Provisionen eingesetzt, Saldo gezogen, und so beträgt am 1. Juli 1900 die Schuld circa 3800 Mk. Nun kam der zweite Hypothekengläubiger und sagt: ich löse Kraft meines Rechtes die Hypothek aus; da hast Du 3000 Mk. mit Zinsen vom 1. Juli 1900. Nun sagte der Verein: ich habe 3800 Mk. gut, der Ueberschuß über 3000 Mk. sind gestundete Zinsen und Provisionen, worauf der Hypothekengläubiger mit Recht erwiderte: das ist nicht wahr, durch die Fortsetzung des Kontokorrentverkehrs sind diese in dem Saldo aufgegangen, die schuldigen 3800 Mk. sind Hauptsumme, ich brauche Dir aber nur 3000 Mk. zu geben, weil nur bis zu dieser Höhe für die Hauptsumme Dir eine Hypothek bestellen ließest. Der Vorschußverein hätte schon früher, sowie die 3000 Mk. überstiegen waren, mit den Zahlungen aufhören und das Geld zurückverlangen müssen oder, wenn er das nicht wollte, den Kontokorrentverkehr beendigen, die Zinsen aber auf eigenes Konto buchen müssen.

Wie der Saldo gezogen wird, das wissen Sie; er muß nicht schriftlich anerkannt werden; es genügt auch die stillschweigende Anerkennung, wenn Jemand den Buchauszug vorbehaltlos entgegennimmt und den Kontokorrentverkehr fortsetzt. Allein die Frage, ob unter allen Umständen hierin eine Anerkennung des Saldos gefunden werden kann, kann immerhin in einzelnen Fällen bedenklich sein, darum muß jede Genossenschaft unbedingt auf schriftlicher Anerkennung des Saldos bestehen.

Nach dem Gesetz muß der Saldo gezogen werden mindestens einmal jährlich, gewöhnlich ist halbjährliche Ziehung; es geschieht hier und da vierteljährlich; das halte ich aber für etwas bedenklich, denn so kommen Zinsen und Provisionen vierteljährlich zum Saldo, der wieder verzinst wird, so wächst eine lawinenartige Schuld an, und schließlich kann man sich gegen den Vorwurf, daß man den Kunden etwas wucherisch ausbeutet, nicht sichern.

Wie endet der Kontokorrentverkehr? Gewöhnlich wird ausgemacht, daß, entsprechend der Rechnungsperiode auch eine halbjährliche Kündigung besteht. Allein das hat einen großen Nachtheil für Sie, denn wenn die Verhältnisse des Kunden sich ändern — und sie können sich ändern — dann sind Sie schlecht daran; ist keine bestimmte Kündigungsfrist bedingt, so kann auch während der Rechnungsperiode gekündigt werden. Diese Bestimmung unseres Handelsgesetzbuches ist von großer Bedeutung. Sie können, wenn Sie keine bestimmte Kündigungsfrist vereinbaren, zu jeder Zeit den Kontokorrentverkehr abbrechen; ich möchte Ihnen dringend empfehlen, in diesem Sinne Ihren Kontokorrentverkehr einzurichten.

Eine weitere praktische Bestimmung enthält § 357 H.G.B.; er regelt die Befugnisse eines dritten Gläubigers, welcher den etwaigen Anspruch seines Schuldners auf den Saldo pfänden läßt.

Wenn halbjährlicher Abschluß vereinbart ist, so hätte eine am 2. Februar 1900 angelegte Pfändung die Wirkung, daß der pfändende Gläubiger abwarten muß, ob am 1. Juli 1900, dem ersten Abschlußtermin nach der Pfändung, sich ein Saldo zu Gunsten seines Schuldners ergeben wird.

Nun hätten es die Parteien des Kontokorrentverkehrs in der Hand, zu sorgen, daß am 2. Februar 1900 an sich das Verhältniß — durch weitere Kreditgewährungen — so gestalten würde, daß der pfändende Gläubiger am 1. Juli 1900 keinem Aktiv-Saldo, sondern einem Passiv-Saldo seines Schuldners gegenüberstünde.

Um dies zu verhindern, bestimmt nun § 357, daß von dem Augenblicke der Pfändung an dem pfändenden Gläubiger gegenüber keine neuen Schuldposten, welche durch neue Geschäfte nach der Pfändung entstehen, in Rechnung gestellt werden dürfen; es ist also für den pfändenden Gläubiger derjenige Saldo gepfändet, der sich im Augenblick der Pfändung ergiebt; wenn also im obigen Falle am 2. Februar

1900 der Schuldner des pfändenden Gläubigers mit 7000 Mk. im Ueberschusse war, gebührt dieser Saldo dem letzteren.

Dagegen muß sich nach einer weiteren Bestimmung dieses Paragraphen der pfändende Gläubiger gefallen lassen, daß solche Schuldposten, welche zwar erst nach dem 2. Februar 1900 entstanden sind, aber auf Grund von vorher aufgenommenen Verpflichtungen, am Saldo abgezogen werden dürfen.

Nehmen Sie an, daß nach dem 2. Februar 1900 5000 Mk. Kundenwechsel als unbezahlt zurückgehen, welche dem Schuldner vor dem 2. Februar 1900 bei der Hingabe auf das Haben verbucht wurden, so hat der pfändende Gläubiger nur auf 7000—5000=2000 Mk. Anspruch.

Was nun die wirthschaftliche Bedeutung des Kontokorrentverkehrs anlangt, so ist sie eminent. Schon nach der formellen Seite: welche Uebersichtlichkeit, welche Ersparniß an Arbeitskräften, Materialien u. dergl.! Aber noch viel wichtiger ist die Bedeutung nach der ökonomischen Seite hin. Schon dadurch, daß alle Forderungen bis zum Schluß des Saldos als gestundet gelten, wird eine kolossale Ersparniß von Umlaufsmitteln erzielt. Denken Sie nur, wenn jeder einzelne Posten gesondert regulirt würde, was wäre da für ein Aufwand von Mitteln nöthig! So ist nur der Saldo zu reguliren, und da dieser meist wieder überschrieben wird, ist meist erst nach langer Periode eine einzige Regulirung nöthig. Ferner stehen alle Mittel, die der Bankier und der Kunde zur Tilgung der einzelnen Forderungen parat halten müßte, zur Verfügung für anderweite Geschäfte, so daß das gegenseitige produktive Vermögen hierdurch erhöht wird. Für Kreditgenossenschaften hat der Kontokorrentverkehr noch eine wesentliche Bedeutung dadurch, daß durch die Anerkennung der Saldis die Uebersicht und die Kontrolle sehr erleichtert wird. Bedenken Sie: die Anerkennung der Saldis hat für die Revision eine ungeheure Erleichterung; man braucht nur sie mit den bezüglichen Bucheinträgen zu vergleichen, — aber die Saldis müssen schriftlich anerkannt sein, — dann haben Sie eben das schriftliche Anerkenntniß des Kunden, daß er das schuldig ist, was in den Büchern steht; deckt sich das schriftliche Anerkenntniß mit den Büchereintragungen, so ist aller Beweis geliefert. Es braucht dann nicht jedes einzelne Geschäft geprüft, sondern nur der Abschluß mit dem Anerkenntnisse verglichen zu werden. Deßungeachtet möchte ich den Herren Revisoren empfehlen, wenigstens Stichproben aus den einzelnen Konten vorzunehmen, ob manchmal nicht, wie ein Veilchen im Verborgenen, im Kontokorrente Geschäfte gebucht sind, die nicht in den Bereich der Geschäfte der Genossenschaften gehören. Ferner werden durch den Kontokorrentverkehr die Parteien an kaufmännische Exaktheit gewöhnt, da sie den ihnen eingesandten Auszug sofort prüfen müssen; es bleibt ausgeschlossen, daß man die Geschäftsführung jahrelang nicht prüft und erst hinterher alle möglichen Einwendungen vorbringt.

Eine andere Frage ist es: wie steht es mit dem § 8 unseres Genossenschaftsgesetzes? Er verbietet bekanntlich den Genossenschaften, Darlehne an Nichtmitglieder zu geben. Ist nun der Kontokorrentverkehr als ein Darlehn zu betrachten? Bei der Berathung des Genossenschaftsgesetzes ist man leicht darüber hinweggegangen. Justizrath Merzbacher in seinem neuen Kommentare sagt: der Kontokorrentverkehr fällt nicht unter § 8; er ist ein Vertrag eigener Natur, er ist kein Darlehnsvertrag; solche Verbote sind enge auszulegen. Wie die Gerichte entscheiden würden, kann Niemand voraussehen. Ein civilrechtlicher Nachtheil ist übrigens nicht vorgesehen, sondern nur eine Ordnungsstrafe. Anders allerdings steht es mit der Steuerbehörde, die sieht im Kontokorrentverkehr mit Nichtmitgliedern das Merkmal des bankmäßigen Betriebes und wird immer die Steuer erheben. Mir hat einmal der Präsident der Steuerkommission, als ich in einem solchen Falle plädirte und sagte: in dubio pro reo erwidert: ja bei uns heißt es: in dubio profisko!

Zum Schluß möchte ich nochmals den Genossenschaften ans Herz legen, einen Kontokorrentverkehr nur einzugehen, wenn die Voraussetzungen vorliegen, daß für eine längere Zeit gegenseitige Geschäfte zu erwarten sind, aber nie und nimmer ein einfaches Vorschußgeschäft in die Form des Kontokorrents zu kleiden. Es ist ja ungeheuer nobel, wenn man sagen kann, ich stehe in Kontokorrentverkehr mit der und der Bank; das imponirt den Leuten. Aber im Geschäftsverkehr soll sich Niemand etwas vorlügen, sondern jeder darauf bestehen, daß seine Beziehungen so gebucht werden, wie es dem Wesen derselben entspricht, und deshalb buchen Sie einfache Vorschüsse nicht im Kontokorrentverkehr, sondern in gesondertem Vorschußkonto. Dagegen möchte ich den Genossenschaften, welche sich ablehnend gegen die Einführung des Kontokorrentverkehrs verhalten, ebenso dringend ans Herz legen, ihn aufzunehmen mit Rücksicht auf die großen wirthschaftlichen Vortheile desselben.

Das wäre in Kürze, was ich über diesen Gegenstand zu berichten hätte.

III.

Die praktischen Erfahrungen mit dem Bürgerlichen Gesetzbuch und Handelsgesetzbuch, unter besonderer Berücksichtigung der Geschäftsführung der Genossenschaften.

Vortrag,

gehalten auf dem 42. Allgemeinen Genossenschaftstage zu Baden-Baden, 1901.

Als die Sylvesterglocken des Jahres 1899 das neue Jahrhundert einläuteten — wir praktischen Juristen sind nicht in der Lage, mit dem Herrn Vorsitzenden Proebst immer wissenschaftlich zu verfahren, wir müssen mit den gegebenen Thatsachen rechnen und haben deshalb das neue Jahrhundert mit dem 1. Januar 1900 begonnen —, damals schlug das Herz vieler Juristen theils in Sorge, und theils in Freude mächtiger. Die Optimisten freuten sich, daß nunmehr ein einheitliches deutsches bürgerliches Recht zur Anwendung komme, und sie versprachen sich davon eine prompte exakte Rechtsprechung; die Pessimisten sahen an dem Sternenhimmel die 6000 Paragraphen neuen und abgeänderten alten Rechts — so hoch hatte sie der bayerische Justizminister in der Abgeordnetenkammer taxirt — aufsteigen, und sie fanden noch sehr wenige Bekannte darunter. Es wurde ihnen schwül, wie es ihnen bei Anwendung des neuen Rechtes wohl gehen würde. — Und nun sind 1½ Jahre dahin gegangen, das neue Recht hat seine Herrschaft begonnen.

Wir können fragen: Wie hat sich das neue Recht bisher bewährt? hat es die Hoffnungen nicht getäuscht, die darauf gesetzt wurden? ist die Herrschaft eine lebensvolle, gewillt, die neuen Gesetze entsprechend den Bedürfnissen des praktischen Lebens anzupassen, oder zeigen sich Symptome, daß es starrer Pedanterie, losgelöst vom praktischen Geiste und den Bedürfnissen des Geschäfts- und Erwerbslebens, verfallen soll? Weder der Optimist noch der Pessimist hatte recht. Der Letztere kann sich trösten: „Je nun, es ist nicht so schlimm, wie man's sich denkt, wenn man's nur recht erfaßt und lenkt"; und der Optimist hatte nicht recht; denn ein vollständiges einheitliches Recht haben wir heute noch nicht. Eine Reihe von Materien sind der Landesgesetzgebung überlassen; nicht weniger denn 96 Artikel des Einführungsgesetzes beginnen mit den ominösen Worten: „Unberührt bleiben . . ." Man kann es vielleicht bedauern; aber der praktische Jurist und der Volkspsychologe kommen zu einem anderen Resultat. Anders liegen die wirthschaftlichen und Rechtsverhältnisse am Rhein, anders im Osten, anders in den Alpen als an der Ost- und Nordsee; ich verweise ferner auf das Nachbarrecht, das Wasserrecht u. s. w. Eine einheitliche Regelung dieser Materien würde die größten materiellen Nachtheile herbeigeführt haben, und noch größer wären die idealen Nachtheile gewesen; es würde ein bitterer Stachel in dem Herzen mancher Stämme zurückgeblieben sein und die nationale Einigung hätte keinen Nutzen daraus gezogen. Darum war es eine weise Zurückhaltung, daß man nur das Nothwendige einheiltlich regelte. In allen Hauptfragen haben wir ein neues Recht. Das deprimirende Gefühl ist verschwunden, das früher die Juristen vielfach beherrschte, daß sie Manchem, der nur eine Stunde weit weg wohnte und sich juristischen Rath holte, sagen mußten: Lieber Freund, wir sind ja alle Deutsche, aber welches Recht in dem Orte, der nur eine Stunde von hier entfernt ist, gilt, das kann ich dir nicht sagen.

Der Entwurf zum Handelsgesetzbuch war ein so brillantes Werk, daß einstimmig in Juristen- wie in Handelskreisen das Gefühl herrschte, es soll wenig daran geändert werden. Das Handelsgesetzbuch hat sich in seinen neuen Bestimmungen so gut bewährt, daß ich ihnen nicht viel Entscheidungen bringen kann, die von Wichtigkeit sind, die besten Gesetze sind, „wie die besten Weiber immer die sind, von denen man am wenigsten spricht,“ diejenigen, mit denen am wenigsten die Gerichte zu thun haben.

Nun, ich glaube, wir können das unterschreiben, was Direktor B a r r e, ein hervorragender Jurist sagt:

„Im Großen und Ganzen hat der Juristenstand im ersten Jahre die neue Aufgabe mit warmem Herzen und Verständniß erfaßt, mitgetragen durch das im ganzen Reiche gehobene nationale Gefühl und mitgetragen durch den Stolz, in seinem Beruf nicht mehr durch die engen Schranken kleinlicher rechtlicher Beschränktheiten gehemmt zu sein.“

Und nun gestatten Sie mir, in kurzen Zügen zu zeigen, wie sich zu den einzelnen Bestimmungen die Rechtsprechung gestaltet hat. Ich kann Sie nicht mit einem gemüthlichen Bummelzug durch das Bürgerliche Gesetzbuch führen und an jeder Station Halt machen, denn ich befürchte, daß bei jeder Station mehr oder minder viel Passagire dann aussteigen würden; ich kann nur mit einem Expreßzug durch das Bürgerliche Gesetzbuch fahren und an den wichtigsten Stationen Halt machen.

Da möchte ich zunächst Ihren Blick auf die Rechtsprechung lenken, wie sie sich zu § 21 ff. des Bürgerlichen Gesetzbuches gestaltet hat. Diese Paragraphen regeln das Vereinsrecht. In einem Zeitalter wie dem unserigen, wo das Vereinswesen einen so großen Umfang angenommen hat, muß der Gesetzgeber dazu Stellung nehmen. Wir hatten bis jetzt keine allgemeinen Bestimmungen, wonach die Vereine als rechtsgültige Persönlichkeiten konstituirt werden konnten. Sie wissen, wie schwierig es war, unsere Genossenschaften ins Leben zu führen, ihnen eine rechtspersönliche Gestaltung zu geben. Nun bestimmt § 21 des Bürgerlichen Gesetzbuches:

„Ein Verein, dessen Zweck nicht auf einen wirthschaftlichen Geschäftsbetrieb gerichtet ist, erlangt Rechtsfähigkeit durch Eintragung in das Vereinsregister des zuständigen Amtsgerichts."

Damit ist dem Vereinsleben eine großartige Perspektive eröffnet. Andere Vereine, die auf einen wirthschaftlichen Geschäftsbetrieb gerichtet sind, haben die landesherrliche Genehmigung zur Erlangung der Rechtsfähigkeit nothwendig, sofern nicht, wie dies bei den Genossenschaften der Fall ist, durch Reichsgesetz dafür gesorgt ist.

Nun ist hier schon eine ziemlich lebhafte Rechtsprechung entstanden bezüglich des Begriffs „wirthschaftlicher Geschäftsbetrieb". Da ist z. B. entschieden worden: die Haus- und Grundbesitzervereine können nicht auf Grund des § 21 durch bloße Eintragung in das Vereinsregister Rechtspersönlichkeit erlangen. Es wurde zwar von dem betreffenden Vereine behauptet, die Haus- und Grundbesitzervereine hätten eine ideale Aufgabe, sie hätten nur im Sinn, die idealen Interessen der Haus- und Grundbesitzer zu wahren. Allein die Gerichte sind darauf nicht eingegangen; das betreffende Gericht war vielmehr der Ansicht, daß der Zweck der Haus- und Grundbesitzervereine die Steigerung der Ertragsfähigkeit der Grundstücke sei; das wäre ein wirthschaftlicher Zweck und darum könne ein Verein, der diese Ziele verfolge, nicht in das Vereinsregister eingetragen werden.

Auch bezüglich der Sterbekassen ist eine ähnliche Entscheidung ergangen. Ein Verein, der eine Heimstätte sich erwerben wollte und zu diesem Zweck eine Sparkasse errichtete, verlangte Eintragung in das Vereinsregister, weil er ein Verein mit idealem Zweck sei. Es wurde die Eintragung jedoch abgelehnt; es wurde gesagt: ihr habt euch zur Erreichung eures Zwecks eine materielle Grundlage gewählt, wenn auch dieser selbst idealer Natur ist.

Einem Orchesterverein mit Pensionskasse hat gleichfalls das Münchener Gericht die Eintragung ins Register versagt. Ich glaube, mit Unrecht; denn ein solcher Verein hat nicht den wirthschaftlichen Geschäftsbetrieb im Sinn, er will nicht mit der Pensionskasse das geschäftliche und wirthschaftliche Leben seiner Mitglieder besser stellen, sondern dafür sorgen, daß, wenn die Leute arbeitsunfähig werden, wirthschaftliche Nachtheile von ihnen abgewendet werden.

Interessant wäre die Frage: wie ist es mit unseren Genossenschaftsverbänden? Sind unsere Genossenschaftsverbände vielleicht Vereine, die auf Geschäftsbetrieb abzielen? besteht ein Hinderniß, ihnen durch Eintragung Rechtspersönlichkeit zu erwirken? Ich glaube nicht, daß ein Hinderniß besteht und daß man annehmen kann, daß unsere Verbände den Zweck haben, einen wirthschaftlichen Betrieb zu verfolgen. Ihr Zweck ist hauptsächlich die Ausgestaltung und Durchführung des Revisionswesens und die Mittheilung und der Austausch der gemachten Erfahrungen sowie die Stärkung des Zusammengehörigkeitsgefühls. Auf der anderen Seite wären vielleicht wiederum Bedenken dagegen anzuführen; ich wollte diese Frage lediglich anregen.

§ 138 unseres Bürgerlichen Gesetzbuchs enthält die Bestimmung: „Ein Rechtsgeschäft, das gegen die guten Sitten verstößt, ist nichtig." Im zweiten Absatz trifft er die Bestimmung, daß jedes Rechtsgeschäft, wodurch sich Jemand einen unverhältnißmäßigen Vortheil auch zu Gunsten eines Dritten durch Ausbeutung der Nothlage u. s. w. versprechen oder gewähren läßt, ist nichtig. Es ist dieser Absatz 2 eigentlich der sogenannte Wucherparagraph; nur ist der Unterschied der, daß nach dem jetzt geltenden Wuchergesetz nur der gewohnheitsmäßige, gewerbsmäßige Wucher gefaßt werden kann, während hier das Gesetz jedes einzelne Geschäft, das die Symptome des Wuchers an sich trägt, nichtig erklärt. Das Reichsgericht ist noch weiter gegangen; es hat erkannt, daß, wenn auch ein Geschäft nicht diese Voraussetzungen an sich trägt, wie der § 138 Absatz 2 angiebt, sondern wenn nur, wie das Reichsgericht sich ausdrückt, sich „Jemand einen übermäßigen Vortheil ausbedingt und dies als Ausfluß einer niedrigen und verwerflichen Gesinnung anzusehen ist, das betreffende Rechtsgeschäft nichtig ist".

Es kann vorkommen, daß Jemand gewisse gesellschaftliche Vorurtheile benutzt, um auf Jemand eine Pression zur Einräumung geschäftlicher Vortheile in unerlaubtem Maße auszuüben; auch hier würde, trotzdem die Bestimmung des Abs. 2 des § 138 l. c. nicht anwendbar wäre, nach Abs. 1 diese Vereinbarung nichtig sein.

Wichtig ist auch die hier einschlägige Entscheidung des Reichsgerichts in folgendem Falle: Der Verkäufer eines Engros-Geschäfts hatte sich verpflichtet, in der betreffenden Stadt n i e ein ähnliches Geschäft zu betreiben. Er behauptete, das sei gegen die guten Sitten, wenn sich Jemand so sehr beschränke, und errichtete wiederum am selben Orte ein derartiges Geschäft. Das Reichsgericht hat jedoch erklärt: quod non! du bist nicht gehindert, ein anderes Geschäft am nämlichen Orte zu errichten, auch nicht dasselbe Geschäft en detail; es liegt also eine unzulässige Beschränkung deiner Erwerbsfreiheit nicht vor.

Der § 157 beschäftigt sich mit der Auslegung der Verträge und giebt eine sehr wichtige Auslegungsvorschrift. Hiernach sind die Verträge so auszulegen, „wie Treu und Glauben mit Rücksicht auf die Verkehrssitte es erfordern". Auf der einen Seite das subjektive Moment „Treu und Glauben", auf der anderen Seite das objektive Moment: „Wie stellt sich das praktische Geschäftsleben nach seiner Gewohnheit zu dem behaupteten Inhalt des Vertrages?" Das ist eine Auslegungsbestimmung, die, wenn sie von einsichtigen Richtern richtig gehandhabt wird, großen Segen stiften kann. Das Reichsgericht hat auch schon dazu Stellung genommen.

Viele von Ihnen sind versichert und wissen, daß in den Versicherungsbedingungen häufig die Bestimmung sich findet, daß, wenn nicht der Versicherte innerhalb einer gewissen Frist etwas thut, er seines Rechtes verlustig geht. Nun kam es vor, daß in einem Falle der Versicherte eine Frist versäumt aus einem entschuldbaren Grunde und, als er seine Versicherungssumme haben wollte, die Gesellschaft ihren Schein präsentirt und sagte: Du bekommst nichts. Das Reichsgericht hat aber die Einrede der Verwirkung zurückgewiesen und erklärt: Ist die Versäumniß einer in den Versicherungsbedingungen festgesetzten Frist entschuldbar, so handelt die Versicherungsgesellschaft gegen Treu und Glauben, falls sie sich dennoch auf den Ablauf dieser Frist beruft.

Der § 181 beschäftigt sich mit der Vertretung und Vollmacht und bestimmt:

„Ein Vertreter kann, soweit nicht ein Anderes ihm gestattet ist, im Namen des Vertretenen mit sich im eigenen Namen oder als Vertreter eines Dritten ein Rechtsgeschäft nicht vornehmen, es sei denn, daß das Rechtsgeschäft ausschließlich in Erfüllung einer Verbindlichkeit besteht."

Nun ist anschließend an die Bestimmungen der §§ 24 und 42 des Genossenschaftsgesetzes folgende Frage praktisch geworden: Es müssen immer zwei Vorstandsmitglieder die Genossenschaft gesetzlich vertreten. Zum Abschlusse eines Vertrages war nur ein Mitglied erschienen, und das andere hatte ihm Vollmacht gegeben. Die Gerichte waren verschiedener Ansicht. Das Reichsgericht kam aber schließlich zu der Anschauung: Hier ist § 181 nicht anwendbar; es ist vollständig zulässig, daß eins der Vorstandsmitglieder dem anderen eine Vollmacht giebt und dieses zugleich im eigenen Namen und im Namen seines Vollmachtgebers das Geschäft abschließt. Nur gilt das insoweit nicht, als begrifflich das Genossenschaftsgesetz etwas Anderes verlangt, was der Fall ist, wenn es sich um eine Erklärung handelt, die vor dem Registerrichter abgegeben werden muß.

Wichtig sind auch die Bestimmungen über die Zinsen, §§ 246 bis 248, und die Verzugszinsen, § 289. Bekanntlich verbietet das Gesetz die Zinsen von Zinsen und Verzugszinsen von Zinsen zu stipuliren. Nun hat die Praxis sich zu helfen gesucht. Ich habe einen Vertrag in die Hände bekommen, in welchem eine Kreditanstalt ein Darlehen auf Hypothek gab mit bestimmter Rückzahlungsfrist und bestimmter Zinsenfrist. Da hieß es: „Die Zinsen zu 4½ Proz. sind zu zahlen jedes Jahr am 1. Januar; werden sie nicht pünktlich gezahlt, dann sind 5 Proz. zu entrichten." Das ist offenbar eine Umgehung des Gesetzes. Ich glaube kaum, daß die Gerichte, wenn sie einen solchen Fall zur Kognition bekommen, ihn durchgehen lassen werden. Das Reichsgericht hat auch entschieden, daß sogar aus Rechtsverhältnissen, die vor dem 1. Januar 1900 entstanden sind, vom 1. Januar 1900 ab keine Verzugszinsen aus Zinsen und keine Zinsen aus Zinsen mehr verlangt werden dürfen. Die Genossenschaften können in ihren Sparkassenbüchern stipuliren und bei ihren Depositen bestimmen, daß die erhobenen Zinsen der Einlagen als neu verzinsliche Einlagen angesehen werden sollen (§ 248 Abs. 2 B.G.B.).

Ich möchte Sie dabei darauf aufmerksam machen, daß Sie mit einer Gewohnheit, die vielfach verbreitet ist, brechen. Wenn Sie einem Mitgliede einen Vorschuß von 1000 Mk. geben und aus den Zinsen wieder Zinsen nehmen, so ist das nicht zulässig; nur vom gegebenen Vorschuß dürfen Sie Zinsen berechnen. Anders ist es im Kontokorrentgeschäft. Da können von einem abgeschlossenen Saldo, wenn darin Zinsen stecken, in der neuen Periode die Zinsen weiter berechnet werden.

Was das Darlehn anlangt, so ist eine Entscheidung ergangen, die von großer Wichtigkeit ist. Ein Bankhaus hatte einem Kunden einen Kredit bis zu 10 000 Mk. gegen Hypothekbestellung eröffnet. Nun hatte das Bankhaus erfahren, daß ein Dritter von diesem Kunden 5000 Mk. zu fordern hatte. Das Bankhaus kaufte diese Forderung auf und belastete hiermit den Kreditnehmer, was dieser sich nicht gefallen ließ. Das Reichsgericht entschied: Der Mann hat recht. Der Kreditnehmer gab doch die Hypothek nur für die Vorschüsse oder Darlehen, die er bis zur Höhe des gewährten Kredites von dem Kreditgeber beanspruchen kann; das Vorgehen des Letzteren, sich für eine anderweitige Forderung von dem Kreditnehmer durch Einstellung in den Kredit eine Sicherheit zu verschaffen, welche der Forderung nicht anklebt, verstößt gegen Treu und Glauben.

Das Bürgerliche Gesetzbuch trifft in § 762 die Bestimmung, daß durch Spiel und Wette eine Verbindlichkeit nicht begründet werden kann.

Ich weiß zwar, daß unsere Vorschußvereine keine Spielgeschäfte oder auf solche abzielende Spekulationen mit ihren Mitgliedern machen; allein zur Warnung möchte ich Ihnen doch mittheilen, daß das Reichsgericht entschied:

> „Eine Spielschuld kann weder durch Schuldanerkenntniß, noch durch Vergleich, noch durch Hingabe von Wechseln klagbar gemacht, noch durch Bürgschaft oder Pfand rechtsverbindlich gesichert werden.“

Der § 763 macht eine Ausnahme bezüglich der Lotterie, die staatlich genehmigt ist. Sie wissen, daß unsere deutschen Vaterländer in der Beziehung sorgsam gewacht haben, daß ihre Unterthanen diesem verwerflichen Spiel nicht in den anderen Vaterländern huldigen, und haben, damit Niemand in einer fremden Lotterie spielt, Polizeiverbote erlassen. Nun hat in Preußen, wo das Spielen in einer außerpreußischen Lotterie verboten ist, ein Mann in der thüringischen Lotterie gespielt und kam mit einem hohen Gewinn heraus. Wie das zu gehen pflegt, es wurde ruchbar; die preußische Staatsanwaltschaft schritt ein, um die Grundfesten des Staates nicht erschüttern zu lassen. Der Mann wurde in Preußen bestraft; als er in Sachsen seinen Gewinn heben wollte, da sagte man ihm: das geht nicht, wir Sachsen sind helle; Du hast in einer verbotenen

Lotterie gespielt, Du bist bestraft worden, den Gewinn zahlen wir nicht aus. Das Reichsgericht hat aber gesagt: der Lotterievertrag ist verbindlich, wenn die Lotterie staatlich genehmigt ist; wenn sie in einem deutschen Staate genehmigt ist, kann sie nichts Unsittliches sein; es trifft also § 763 l. c. zu. Also, meine Herren, Sie können ruhig spielen!

Der § 764 beschäftigt sich mit dem Differenzgeschäft. — Differenzgeschäfte machen Sie ja nicht.

Vielleicht aber haben Sie ein Reportgeschäft mit Prolongationen gemacht, und da möchte ich Sie auf eins aufmerksam machen. Das Reichsgericht hat erkannt: wenn die fraglichen Papiere schwankenden Kurs haben, wenn der Umfang und die Höhe des Geschäfts in einem auffallenden Mißverhältniß zu dem Vermögen des Kontrahenten stehen, und wenn die Prolongation sich häufig wiederholt, dann sind das sichere Anzeichen, daß es sich nicht um ein erlaubtes Geschäft, sondern um ein Differenzgeschäft handelt.

Die §§ 823 ff. handeln von den unerlaubten Handlungen und regeln die Haftbarkeit. Die Genossenschaften haben ja vielfach Häuser und haben daher gewisse Verpflichtungen zu erfüllen. So ist es nach einem reichsgerichtlichen Erkenntniß Pflicht eines Hausbesitzers, alle diejenigen Räume, in denen Menschen während der geschäftlichen Zeit zu verkehren pflegen, erleuchtet zu haben. Das Reichsgericht hat aber auch erkannt, daß man nicht so weit gehen darf, wie ein Rechtsuchender das in folgendem Falle verlangt hat. Dieser war bei einem Arzte im Wartezimmer, er hatte wohl Angst wegen der kommenden Operation und mußte sich nach einem bestimmten Ort zurückziehen; da nun der Gang, auf dem dieser Rückzug erfolgte, nicht beleuchtet war, fiel er hin und brach ein Bein. Er machte den Arzt ersatzpflichtig; das Reichsgericht entschied jedoch, daß dem Arzte nicht zugemuthet werden könne, solche Räume ständig beleuchtet zu erhalten.

§ 826 bestimmt: „wer in einer gegen die guten Sitten verstoßenden Weise einem Anderen vorsätzlich Schaden zufügt, ist dem Anderen zum Ersatze des Schadens verpflichtet". Hierzu erließ das Reichsgericht einen wichtigen Bescheid. Der Sachverhalt war folgender: Die deutsch-australische Dampfschifffahrtsgesellschaft hatte zu dem Zweck, um die Frachtgeschäfte sich zu sichern gegenüber der Klägerin, welche an einem Konkurrenzunternehmen betheiligt war, eine Zwangsmaßregel in Anwendung gebracht, darin bestehend, daß sie all den Firmen, welche an der Segelschifffahrtsgesellschaft (dem genannten Konkurrenzunternehmen) interessirt waren, die sonst üblichen Tarifsätze kündigte und höhere verlangte. Die Klägerin verlangte die höheren Beträge zurück, es kam zu einem Prozeß und das Reichsgericht erkannte auf die Einwendung der Beklagten, daß es sich allenfalls nur um „unlauteren Wettbewerb" handele, hierfür aber lediglich das bezügliche Reichsspezialgesetz maßgebend sei, das solche Vorkehrungen nicht vertrat, daß dem nicht so sei, daß vielmehr zu diesem Gesetze ergänzend § 826 des Bürgerlichen Gesetzbuches herbeizuziehen sei und daß unter diese Bestimmung das Vorgehen der Beklagten falle und die Klage begründet sei.

Denn der Zweck des genannten § 826 sei, „illoyalen Schädigungen im Verkehrsleben entgegenzutreten," besonders „Mißbräuche der Gewerbefreiheit durch gewinnsüchtige Ausbeutung oder Vergewaltigung Anderer" sollten hierdurch unschädlich gemacht werden; auch verstoße das Verhalten der Beklagten gegen die gute Sitte, weil es „dem Anstandsgefühl der billig und rechtlich Denkenden widerspreche."

Diese Entscheidung ist von enormer Wichtigkeit gerade für Konsumvereine und andere Gewerbetreibende, um die immer mehr in die Höhe kommenden Bestrebungen der Syndikate und anderer Vereinigungen, die gegen sie gerichtet sind, zurückzuweisen.

Was das Immobilienrecht anlangt, so sind wenige Entscheidungen von Interesse für Genossenschaften ergangen. Das ist erklärlich, weil die meisten Bestimmungen erst Anwendung finden, wenn das Grundbuch angelegt ist. Von den jetzt schon geltenden Bestimmungen ist von großer Wichtigkeit zunächst § 906, der bestimmt, daß sich Jeder verbitten kann, daß von dem Grundstück des Anderen durch Rauch, Gerüche, Geräusch 2c. in erheblicher Weise auf sein Grundstück eingewirkt wird.

In einer Fabrikstadt hatte ein Schreiner seinen Handbetrieb verlassen und einen Maschinenbetrieb eingerichtet und diesen unmittelbar an der Wand gegen des Nachbarhaus angebracht. Im Nachbarhause entstand nun ein so unheimliches kontinuirliches Summen, und der Boden war so in fortwährender Bewegung, daß der Eigenthümer dieses Hauses auf Unterlassung des Betriebes in dieser Weise klagte. Die untere Instanz hat die Klage abgewiesen; die obere Instanz entschied anders, indem sie ausführte: Es ist nicht an dem, daß der Kläger nachweisen muß, daß er durch die maschinelle Anlage erheblich geschädig werde, sondern nach dem Gesetz und den Motiven dazu kann er sich jede derartige Einwirkung auf sein Grundstück verbitten, wenn nicht Derjenige, der die Maschine angebracht hat, beweisen kann, daß die Einwirkung unerheblicher Natur ist.

Eine weitere Entscheidung erging zu § 1205 des Bürgerlichen Gesetzbuches über das Faustpfandrecht. Eine Firma hatte einer Bankanstalt ihr Waarenlager verpfändet und den Schlüssel dazu übergeben. Die Firma kam in Konkurs, das Pfandrecht wurde bestritten und das Reichsgericht entschied: „Die gültige Verpfändung eines Waarenlagers ist schon gegeben, wenn dem Gläubiger sämmtliche Schlüssel ausgehändigt werden, was untergehens der Fall war. Es kann auch in diesem Falle im Vertrage bestimmt werden, daß nicht nur die zur Zeit des Vertrages verpfändeten Waaren als Grundlage des Faustpfandrechts dienen sollen, sondern auch die im Geschäftsbetriebe erst in Zukunft zu Lager gehenden Waaren."

Was die Stellung der Frau im Bürgerlichen Gesetzbuche anlangt, so ist diese m. E. in einer derselben günstigen Weise geregelt; die Ehefrau hat die sogenannte Schlüsselgewalt; sie kann alle Geschäfte machen, welche der gewöhnliche und regelmäßige Betrieb des häuslichen Gemeinlebens mit sich bringt. Ich möchte aber die Damen darauf aufmerksam machen, daß das Recht, die Hausschlüssel dem Manne vorzubehalten, nicht unter diesen Begriff fällt.

Die Erträgnisse der Arbeit der Frau bleiben ihr vorbehaltenes Gut. Das ist ein eminenter sozialpolitischer Fortschritt. Ohne Zustimmung der Frau kann der Mann, wenn Gütergemeinschaft besteht, nichts verpfänden, nichts veräußern. Hierzu erging eine wichtige Entscheidung. Es kommt häufig vor: der Mann kauft während bestehender Ehe ein Stück Land und bestellt eine Hypothek für den Kaufpreis an dem Kaufobjekt. Da haben die Gerichte in Colmar und in Münster erkannt: wenn der Mann allein die Hypothek bestellte, ist sie unwirksam. Ich halte diese Entscheidung nicht für richtig; es wird die Gütergemeinschaft durch die Hypothek nicht mit einer neuen Last belegt.

Es wird ja durch den Kauf der Gütergemeinschaft eine Mehrung zugeführt, welche allerdings auf der andern Seite eine Belastung mit sich bringt; allein beide gleichen sich aus.

Der Erwerb erfolgt nur unter der Bedingung, daß für denselben eine Hypothek am Kaufobjekt bestellt wird; zu bedingten Erwerben ist aber der Mann ohne Zustimmung der Ehefrau berechtigt.

Auf welchen Standpunkt sich schließlich das Reichsgericht stellt, muß abgewartet werden.

Ich kann den Genossenschaften nur rathen, wenn sie einen Kaufvertrag mit Hypothekbestellung abschließen, immer die Ehefrau des Käufers hinzuzuziehen.

Was die Frage anlangt: wie ist die Stellung der Frau gegenüber den Genossenschaften? so ist es selbstverständlich: die ledige Frau kann beitreten, die verheirathete in Gütertrennung lebende Frau ebenfalls, ohne Genehmigung des Mannes, die in Gütergemeinschaft lebende Frau muß die Einwilligung des Mannes haben; wenigstens damit die Genossenschaft sich an ihr eingebrachtes Vermögen halten kann.

Bezüglich des Erbrechts ist das Bürgerliche Gesetzbuch den Ehegatten entgegengekommen. Nach vielen bisherigen Gesetzen hatten die Ehegatten gar kein Erbrecht gegeneinander. Dabei unterliefen die bittersten Ungerechtigkeiten. Es konnte passiren, daß die Frau mitgeholfen hatte, ein Vermögen zu erwerben, und beim Tode ihres Mannes heimsten die lachenden Erben das Vermögen ein. Das ist nun im Bürgerlichen Gesetzbuche anders geworden. Das Erbrecht ist meines Erachtens die Materie im Bürgerlichen Gesetzbuche, welche manche begründete Kritik ertragen muß.

Zwar halte ich die materiellen Bestimmungen über die Erbberechtigung, die Ausgleichungsbestimmungen für gut; aber das formelle Verfahren und die Bestimmungen über die Schuldenhaftung sind recht unpraktisch getroffen. Aber darüber haben wir uns hier nicht zu unterhalten, ich möchte nur den Fortschritt in den Ausgleichungsbestimmungen hervorheben. Kinder haben das, was sie zu Lebzeiten des Erblassers als Ausstattung erhalten haben, zur Ausgleichung zu bringen; desgleichen übermäßige Studienkosten, sowie diejenigen Schenkungen, deren Ausgleichung der Erblasser ausdrücklich angeordnet hat. Mit diesen Bestimmungen wird nunmehr einer Reihe von Prozessen vorgebeugt werden, welche bei den bisherigen Bestimmungen an der Tagesordnung waren.

Sehr wichtig ist auch die Einführung des Privattestaments. Man kann jetzt ein Testament ohne Notar machen. Wenn mein Freund Finckh ein Testament des Inhalts macht: Ich August Finckh, vermache meinem guten Freunde Gebhart mein ganzes Vermögen, es eigenhändig schreibt und unterschreibt, sowie datirt und den Ausstellungsort festsetzt, so ist das ein vollständig gültiges Testament. Die Unterschrift muß nicht unter dem Datum stehen. Das Reichsgericht hat entschieden, daß auch die Unterschrift vorher stehen kann, vorausgesetzt, daß Alles eigenhändig geschrieben ist. Dagegen hat in einem anderen Falle, wo der Testator einen Briefbogen zur Niederschrift des Testamentes benutzt hat, auf dem der Ort „Breslau" gedruckt war, das Gericht das Testament für ungültig erklärt.

Ich möchte noch kurz auf die sozialpolitischen Wirkungen des Bürgerlichen Gesetzbuches eingehen. Unsere bisherige Gesetzgebung hatte auf dem Gebiete des Privatrechts dem starren Egoismus mehr oder weniger gehuldigt. Wer formell ein Recht hatte, konnte es durchführen, gleichgültig, ob die Ausübung für ihn ohne Nutzen, für den Anderen dagegen mit großem Schaden verbunden war. Die Vertragsfreiheit war schrankenlos gewährleistet; für den wirthschaftlich Schwächeren war nicht durch Bestimmungen gesorgt, welche die unangenehmen Folgen dieser Vertragsfreiheit beseitigen. Damit hat das Bürgerliche Gesetzbuch gebrochen; es kann Niemand mehr, wie der Jude im „Kaufmann von Venedig", auf seinem Schein bestehen. Wer sein Recht ausübt, muß auch einen wirthschaftlichen und moralischen Grund haben, das Recht auszuüben. Da hatte Jemand eine so hohe Mauer auf seinem Grundstück gebaut, daß dem Nachbar der Ausblick genommen war. Nach altem Recht konnte der Nachbar nichts machen; nach dem Bürgerlichen Gesetzbuch ist das aber nicht zulässig. Es ist entschieden worden: Du hast keinen vernünftigen Grund, eine so hohe Mauer zu bauen; über die übliche Höhe hinaus die Mauer zu errichten, ist hier Chikan, Du mußt die Mauer so weit ermäßigen, wie es am Orte bei gleichen Mauern gebräuchlich ist.

Was die Vertragsfreiheit anbelangt, so ist namentlich beim Miethsvertrag und Dienstvertrag dieselbe bedeutend eingeschränkt. In der Regel ist der Arbeit- und Wohnungsuchende der wirthschaftlich Schwächere. Schon im Dienstvertrag ist das Handelsgesetzbuch mit eminent sozialpolitischen Bestimmungen vorangegangen. In den Blättern für Genossenschaftswesen 1900 ist eine Abhandlung von mir darüber erschienen. Das Bürgerliche Gesetzbuch hat diese Bestimmungen noch weiter ausgedehnt und namentlich in § 616 eine für alle Arten von Dienstverträgen gültige Bestimmung aufgenommen. „Der zur Dienstleistung Verpflichtete wird des Anspruchs auf die Vergütung nicht dadurch verlustig, daß er für eine verhältnißmäßig nicht erhebliche

Zeit durch einen in seiner Person liegenden Grund ohne sein Verschulden an der Dienstleistung verhindert wird". Das neue Handelsgesetzbuch hat die Bestimmung: „Der Handlungsgehülfe hat auf 6 Wochen Lohnanspruch, wenn ein unverschuldetes Unglück seinerseits vorliegt." Der § 616 des Bürgerlichen Gesetzbuchs geht weiter, nur hat er das Mißliche mit der „nicht erheblichen Zeit". Was ist eine solche nicht erhebliche Zeit? Nehmen Sie an, es muß Jemand in Familienangelegenheiten verreisen. Da würde der Arbeitgeber sagen: „Du hast kein Recht dazu, Du mußt bei mir arbeiten." Dem will der § 616 nun abhelfen. Anstand und Sitte fordert es, daß man einen solchen Mann fortläßt. Brennend ist die Frage: Wie ist es mit der Einberufung zum Militär? Wird Jemand zum Militär einberufen, so geschieht das doch ohne sein Verschulden. Der Arbeitgeber müßte demnach, wenn Jemand zu einer gesetzlichen militärischen Dienstleistung einberufen wird, die nicht länger als vier Wochen dauert, diesem sein Gehalt während der Dauer der Uebung zahlen. Anders wird es sich verhalten, wenn der Herr Reserveoffizier ist, sich einberufen läßt und in seiner Uniform herumstolzirt. Da kann man nicht sagen „ohne sein Verschulden"; da ist man nicht verpflichtet, einem solchen Manne während der Uebungszeit das Gehalt zu geben. Nun leidet diese Bestimmung des § 616 an einem großen Nachtheil; es ist nicht vorgesehen, daß sie durch Vertrag nicht abgeändert werden kann. Anders ist es mit den Bestimmungen der §§ 617 und 618, die durch Vertrag nicht abgeändert werden können und wonach der Dienstthuende im Falle der Erkrankung die erforderliche Verpflegung und ärztliche Behandlung mindestens für 6 Wochen zu beanspruchen hat. Das wird hauptsächlich die Fälle der Dienstboten treffen. In Bayern und Württemberg giebt es gesetzliche Bestimmungen, wonach die Dienstboten unter die Krankenkassen fallen. Ich glaube auch, daß, wenn Sie Hausdiener in Genossenschaften haben, die in dem Gebäude wohnen, diese darunter fallen. Der § 618 bestimmt auch, daß die Räume zur Ausübung des Dienstes nicht gesundheitsschädlich sein dürfen, daß überhaupt den Dienstthuenden nichts zugemuthet werden darf, was gegen Religion und Sitte verstößt. Auch diese Bestimmungen können nicht durch Vertrag abgeändert werden.

Der § 629 bestimmt, daß der Dienstherr, wenn er Jemandem gekündigt hat, diesem auf Verlangen ein paar Tage frei zu geben hat, damit er sich eine neue Arbeitsgelegenheit sucht. Das ist eine wohlwollende Bestimmung. Bisher mußte der Dienstverpflichtete bis zum letzten Tage dienen und dann konnte er schauen, wo er unterkam.

Diese Bestimmungen gelten für alle Arten von Dienstverträgen, gleichgültig, ob es sich um gewöhnliche Handarbeiten oder um Dienste geistiger Natur handelt. Diese Gleichstellung jeder Art von Arbeit bedeutet einen eminenten Fortschritt der Werthschätzung der Arbeit und zeigt von einem tiefen Einblick der Kulturarbeit.

Auch bezüglich der Miethe ist eine wesentliche Bestimmung getroffen in § 544. Wenn nämlich Jemand eine Wohnung miethet, die ungesund, nicht zum Wohnen geeignet ist, so kann er das Miethsverhältniß ohne Einhaltung einer Kündigungsfrist kündigen, trotzdem er gewußt hat, daß die Wohnung schlecht ist. Das ist eine Abweichung von dem Grundsatze, der den Kaufvertrag beherrscht: Wer Sachen kauft, die mit sichtbaren Fehlern behaftet sind, kann sich nicht darauf berufen, wenn er den Kauf rückgängig machen will.

Das Pfandrecht des Vermiethers an den eingebrachten Sachen ist erheblich eingeschränkt worden. Es ist entschieden, daß der Vermiether gar kein Pfandrecht an den Sachen hat, welche die Frau, die Kinder eingebracht haben, selbst wenn der Vermiether gar nichts davon gewußt hat. Bei langen Miethsverträgen kann das Pfandrecht für den Miethszins nicht für die ganze Dauer geltend gemacht werden, sondern nur für das laufende und das folgende Jahr. Auch diese Verträge können nicht durch Verträge abgeändert werden.

Zu den wohlthätigen Bestimmungen des Gesetzes gehört auch, daß der Arbeitsverdienst der Frau ihr verbleibt, ebenso daß die zum persönlichen Gebrauch der Frau bestimmten Sachen, Kleider u. s. w. ihr persönliches Eigenthum bleiben. Vom sozialpolitischen Standpunkt ist die Frauenfrage im Bürgerlichen Gesetzbuche ganz vernünftig geregelt. Soweit die Frau die wirthschaftlich Schwächere ist und rechtlich nicht so vorgebildet und entwickelt ist wie der Mann, ist sie durch ausreichende Vorschriften geschützt. Soweit das nicht der Fall ist, ist sie dem Mann gleichgestellt, soweit es zweckentsprechend ist. Der Gesetzgeber hat hier das Richtige getroffen.

Von wesentlicher Bedeutung ist noch die Entmündigungsfrage. Wenn man weiß, welches Elend durch die Trunksucht über eine Familie hereinbricht, so kann man eine solche Bestimmung nur begrüßen, die es an die

Hand giebt, diejenigen Männer, die sich so weit vergessen, daß sie durch ihre Trunksucht ihre Familie ruiniren, unschädlich zu machen.

Ich habe Ihnen nur kurz gezeigt, wie die Praxis der Gerichte sich zu den wichtigsten Bestimmungen des Bürgerlichen Gesetzbuches verhält, und welchen eminenten sozialpolitischen Fortschritt unser Bürgerliches Gesetzbuch bedeutet. Wenn auch zu beklagen ist, daß in letzterer Beziehung der Gesetzgeber in einer übermäßigen Vertrauensseligkeit auf die Gerechtigkeit, Ehrlichkeit und das Wohlwollen der Parteien es nicht für nothwendig befunden hat, die sämmtlichen Vorschriften als zwingende Vorschriften gelten zu lassen, so muß man doch in erster Richtung, was die Praxis der Gerichte anlangt, der Meinung Ausdruck geben, daß die Gerichte die Absicht des Gesetzgebers wohl verstanden haben und daß sie, getragen von dem Bewußtsein eines eminenten Verantwortlichkeitsgefühls, das Gesetz so auszulegen bestrebt sind, wie es dem praktischen Leben entspricht. Mag es immer so bleiben, dann wird das Band der Rechtseinheit, das sich um die deutschen Stämme geschlungen hat, nicht zur Last fallen, sondern es wird dem Vaterlande zu dauernder Ehre gereichen.

IV.

Die Rechtsverhältnisse der Vormundschaft unter besonderer Berücksichtigung des Geschäftsverkehrs der Kreditgenossenschaften.

Vortrag,
gehalten auf dem 43. Allgemeinen Genossenschaftstage zu Bad Kreuznach,
1902.

Das menschliche Leben ist von seinem Beginn bis zum Ende eine Kette von manchen Schwächen und Gebrechen, die die natürliche Handlungsfähigkeit des Menschen schon sehr beeinträchtigen können, noch mehr aber die juridische, die ja sehr weittragende Konsequenzen hat. Nun, so lange solche Gebrechen nur vorübergehender Natur sind, wie sie sich z. B. nach Kellerfesten 2c. einstellen, hat natürlich der Gesetzgeber keine Veranlassung, dem momentan Handlungsunfähigen unter die Arme zu greifen; wenn aber solche Gebrechen und Schwächezustände chronisch und dauernd sind, so gebietet die Gerechtigkeit und das Staatsinteresse, einzugreifen und dem Betreffenden einen Beistand oder einen Vertreter zu bestellen.

Unser Bürgerliches Gesetzbuch hat fünf solcher Gebrechen als für das Eingreifen der Gesetzgebung geeignet und berechtigt angesehen: erstens das jugendliche Alter, zweitens schwere Krankheiten, drittens gewisse Charakterschwächen, viertens leibliche Gebrechen und fünftens die Verschollenheit. Der bedeutendste Faktor ist ja das jungendliche Alter. Das Gesetz nimmt an, daß eine vollständige Handlungsfähigkeit in rechtlicher Beziehung dem Menschen erst mit Vollendung des 21. Lebensjahres förderlich ist. Diese Frist kann ja vorgeschoben werden durch die Volljährigkeitserklärung bei einem Minderjährigen, der das 18. Lebensjahr schon erreicht hat. Dies erfolgt durch das Vormundschaftsgericht. Indeß ist ausdrücklich in dem Ausführungsgesetz gestattet: „es kann die Landesregierung auch eine bestimmte Behörde hierzu bezeichnen." So ist z. B. in Bayern das Justizministerium hierzu bestimmt; hier müssen alle Anträge auf Volljährigkeitserklärung gestellt werden. Man ging von der Erwägung aus, daß es rathsam sei, daß eine einzige Behörde alle diese Anträge prüft und entscheidet, um eine Gleichmäßigkeit der Entscheidungen herbeizuführen. Der Minderjährige muß zustimmen; ist er noch in väterlicher Gewalt, muß auch der Vater zustimmen; sie darf nur erfolgen, wenn sie zum Besten des Minderjährigen gereicht. Hier ist weitaus der hauptsächlichste Fall der, wenn ein Minderjähriger ein Geschäft, sei es durch Schenkung oder Erbgang, erwirbt. Hier muß die Volljährigkeitserklärung, wenn sonst keine Bedenken obwalten, gegeben werden. — Die allgemeine Bedeutung der

Minderjährigkeit besteht darin, daß der Minderjährige rechtlich unselbstständig ist; bis zum 7. Lebensjahre betrachtet ihn das Gesetz als vollständig handlungsunfähig, vom 7. Lebensjahre an ist seine Handlungsfähigkeit beschränkt. Leben die Eltern des Minderjährigen noch, so sind diese seine gesetzlichen Vertreter; sind sie gestorben, so wird ihm durch das Vormundschaftsgericht ein Vormund bestellt, der ihn aber auch nicht unbeschränkt vertreten kann, sondern der bei einer Reihe von Handlungen an die Genehmigung des Vormundschaftsgerichts gebunden ist.

Der zweite Zustand, der zum Eingreifen der Gesetzgebung führt, das sind gewisse schwere Krankheiten: Geisteskrankheiten. Wer geistig krank ist, kann selbstverständlich eine Willenserklärung, die das Produkt seines freien geistigen Entschlusses ist, nicht abgeben. Die Geisteskrankheit ist aber privatrechtlich nur dann von Einfluß, wenn der Leidende wegen seines Gebrechens entmündigt worden ist. Dies geschieht auf Antrag. Berechtigt dazu sind der Ehegatte, die Verwandten oder gesetzliche Vertreter; außerdem ist hier aber auch die Staatsanwaltschaft berechtigt, wenn das öffentliche Interesse es erheischt. Das wird immer der Fall sein, wenn ein derartig unglücklicher Mensch keine Verwandten hat.

Der dritte Zustand ist der gewisser Charakterschwächen. Hier hat das Bürgerliche Gesetzbuch nur zwei solcher als genügend erachtet, um die Betreffenden unter Kuratel zu stellen. Es sind das die zwei Formen der Verschwendung und der Trunksucht. Bei der Verschwendung ist die Voraussetzung, daß sie nicht etwa bloß leichtsinnig oder unvernünftig ist, sondern sie muß gefährlich sein, und sie ist es, wenn sie den Verschwender und seine Familie in die Gefahr des Nothstandes bringt. Wenn Sie in den Zeitungen gelesen haben, daß der Leiter eines Großbetriebes nicht weniger als Hundertmarknoten als Trinkgeld giebt, so kann man sagen: das ist leichtsinnig, aber es ist bei seinem kolossalen Vermögen nicht gefährlich. Wenn aber einer von Ihnen bei seinen Diäten von 12 Mk. jedesmal 2 Mk. Trinkgeld reichen würde, so ist das gefährlich, da könnte eingeschritten werden.

Die zweite Charakterschwäche ist die Trunksucht. Bekanntlich ist hier erst durch das Bürgerliche Gesetzbuch eine Regelung eingetreten. Die Voraussetzung ist, daß Jemand dem Trunke so ergeben sei, daß er seine Angelegenheiten nicht mehr selbständig besorgen kann oder sich und seine Familie der Gefahr des Nothstandes aussetzt oder die Sicherheit Anderer gefährdet. Einer, der im Jahre nur einmal einen Rausch hat, fällt nicht darunter. Dagegen kann der sogenannte Quartalssäufer, der nur einmal im Quartal einen Rausch hat und den ganzen Gehalt versäuft, wenn er auch sonst seine Angelegenheiten gut besorgt, einen gesetzlichen Vertreter bekommen, ebenso Derjenige, der vielleicht noch weniger periodisch der Trunksucht fröhnt, der aber immer randalirt und alles kurz und klein haut. Da ist das öffentliche Interesse gefährdet, und es gebührt einem solchen Menschen ein Beistand. Hier hat aber die Staatsanwaltschaft kein Recht, einen Antrag zu stellen.

Der vierte Punkt sind leibliche Gebrechen. Die Taubstummen, Blinden oder Krüppel sind nicht rechts- und handlungsunfähig, sondern können vollständig ihre Sachen selbst besorgen. Aber das Gesetz hat unter Berücksichtigung des Umstandes, daß diese Personen aus physischen Gründen nicht ihre Rechte wahren können, bestimmt, daß für sie ein Pfleger bestellt werden kann. Dieser Pfleger kann nur mit Zustimmung des Gebrechlichen selbst bestellt werden, außer wenn eine Verständigung, wie bei Taubstummen, nicht möglich ist; der Gebrechliche kann rechtlich handeln ohne seinen Pfleger, es ist nur zu s e i n e r Sicherheit ein Pfleger bestellt.

Endlich der letzte Zustand ist der der Verschollenheit. Wenn Jemand längere Zeit abwesend ist, ohne für sein Vermögen im Inlande Vorsorge getroffen zu haben, so kann eine Pflegschaft angeordnet werden, aber sie kann sich nur auf seine Vermögensangelegenheiten beziehen.

Für Sie ist wesentlich: wie stellt sich der Geschäftsverkehr mit solchen Personen, namentlich für die Genossenschaften? Und hier ist die erste Frage: können solche Personen Mitglieder von Genossenschaften werden? Diejenigen, denen nur ein Pfleger beigegeben wird wegen Gebrechen, können anstandslos auch ohne Zustimmung des Pflegers Mitglieder von Genossenschaften werden. Dagegen können Diejenigen, die, wie wir sie kurz nennen wollen, M ü n d e l sind — dahin gehören nicht bloß die Minderjährigen, sondern auch die Geisteskranken und Diejenigen, welche wegen Verschwendung und Trunksucht unter Kuratel gestellt werden —, Mitglieder von Genossenschaften nur mit Zustimmung ihrer gesetzlichen Vertreter werden. Also bei den Minderjährigen müssen die Eltern diese Zustimmung geben; sind sie gestorben, der Vormund. Aber damit sind sie rechtlich noch nicht Mitglieder, sondern es ist noch die Zustimmung des Vormundschaftsgerichts nothwendig; denn wer in eine Genossenschaft eintritt, übernimmt damit auch die Verpflichtung für alle Verbindlichkeiten der Genossenschaft, und diese Uebernahme der Verbindlichkeiten der Genossenschaft ist für das Mitglied die Uebernahme von fremden Verbindlichkeiten. Eine solche kann jeder Mündel nur dann übernehmen, wenn, abgesehen von der Zustimmung seines gesetzlichen Vertreters, außerdem das Vormundschaftsgericht die Genehmigung dazu ertheilt. Nun kann der Fall auch vorkommen, daß bei einem Minderjährigen, dessen Eltern noch leben, die Zustimmung dieser den Beitritt nicht wirksam macht, weil manchmal die gesetzliche Gewalt zessirt. Die Eltern sind nämlich nicht immer berechtigt, ihre Kinder zu vertreten; es kann ihnen das Recht auf Anordnung des Vormundschaftsgerichts entzogen sein, wenn das Vermögen der Kinder oder ihre Person gefährdet ist, oder wenn die Eltern selbst geschäftsunfähig sind, z. B. wenn der Vater entmündigt ist. In diesem Falle wird dem Kinde ein Vormund bestellt, welcher allein dann die erforderliche Genehmigung geben kann. Auch die entmündigten Verschwender und Trunkenbolde können als Mitglieder eintreten, allein auch diese müssen die Genehmigung ihrer Vertreter haben und ebenso die Genehmigung des Vormundschaftsgerichts. Es wird ja praktisch wohl bei den Genossenschaften nicht oft eintreten, daß sie Minderjährige als Mitglieder aufnehmen, es wird das nur in dem Falle sein, wenn der Minderjährige ein Erwerbsgeschäft selbst betreibt, in welchem Falle der Minderjährige für volljährig erklärt werden kann, sodaß eigentlich ein praktisches Bedürfniß kaum besteht, Minderjährige als Mitglieder aufzunehmen.

Wie ist es, wenn ein Mitglied entmündigt wird? Dann bleibt es Mitglied, aber Sie können keine Geschäfte mehr mit ihm machen, ohne Zustimmung seines gesetzlichen Vertreters. Und auch hier muß, wenn es sich, worauf ich noch später kommen werde, um gewisse, hauptsächlich bei Kreditgenossenschaften vorkommende Geschäfte handelt, die Genehmigung des Vormundschaftsgerichts eingeholt werden.

Wie gestaltet sich der Verkehr mit dem Mündel? Hier müssen Sie vor allen Dingen im Auge haben, daß der Mündel nur solche Geschäfte abschließen kann, die ihm lediglich Vortheil bringen. Also wenn Sie einem Mündel von Seiten der Genossenschaft eine Schenkung machen wollen, so kann er sie annehmen; dazu ist er rechtlich befugt; aber alle anderen Geschäfte, wodurch dem Mündel nicht ausschließlich Vortheile entstehen, kann der Mündel nur mit Genehmigung des Vormundes vornehmen.

Wie ist es nun, wenn ein Minderjähriger Ihnen Geld bringt auf Depositenkonto? Durch die Hingabe des Geldes erwirbt er einen Vortheil, er bekommt einen zahlungsfähigen Schuldner, er bekommt die Zinsen. Aber trotzdem kann er Ihnen ein Darlehen nicht geben oder Geld nicht einlegen ohne Zustimmung des Vormundes; es ist nicht ausschließlich ein rechtlicher Vortheil, der entsteht; der Mündel übernimmt Verpflichtungen, er muß die Kündigungsfrist einhalten, sei es die vereinbarte oder gesetzliche. Das ist immerhin unter Umständen rechtlich ein Nachtheil. Nun hat das aber vom praktischen Standpunkt keine Schwierigkeiten. Wenn ein Minderjähriger Geld bringt, und er hat die Genehmigung nicht, so kann höchstens der Vormund sagen: „er hat das ohne meine Genehmigung gethan, geben Sie das Geld zurück". Die Genehmigung kann jedoch auch stillschweigend erfolgen, z. B. wenn der Vormund weiß, daß der Mündel Ihnen das Geld gegeben hat.

Wie ist es aber umgekehrt, wenn ein Minderjähriger kommt und Geld verlangt, z. B. ein Studiosus, der, wenn er in Geldverlegenheit ist und sich darauf beruft, daß sein Vater eine hervorragende Stellung im Genossenschaftswesen einnimmt? Sie können ihm kein Darlehen geben; dazu ist nicht bloß die Genehmigung des gesetzlichen Vertreters nothwendig, sondern auch die des Vormundschaftsgerichts. Wenn aber der Minderjährige, der mit Genehmigung des Vormundes Geld deponirt hat, dasselbe holt, so werden Sie es ihm auch nicht ohne Weiteres verabfolgen können. Er hat einen Rechtsnachtheil insofern, als er einen guten Schuldner in der Genossenschaft verliert.

Der wichtigste Fall ist derjenige, wenn ein Mündel z. B. mit Ihnen in Kontokorrentverkehr treten will. Dazu ist immer die Genehmigung des Vormundschaftsgerichts nothwendig. Es kann in solchen Fällen das Vormundschaftsgericht den Vormund im Allgemeinen bezüglich des Kredits, den sein Mündel nöthig hat, bis zu einer gewissen Höhe im Allgemeinen ermächtigen. Wenn das Vormundschaftsgericht den Mündel ermächtigt hat, bis zu einer gewissen Höhe ein Kontokorrent anzulegen, so können Sie das unbedenklich thun, und Sie können innerhalb des Rahmens des genehmigten Kredits Geschäfte machen. Aber wenn Sie Sicherheit haben wollen, genügt auch diese Ermächtigung nicht, sondern bei Bestellung einer Hypothek z. B. muß immer die Genehmigung des Vormundschaftsgerichts nachgesucht werden. Diese Fälle kommen aber selten vor, meist nur wenn der Mündel selbst mit Genehmigung des

Vormundschaftsgerichtes ein Erwerbsgeschäft betreibt. Dann kann er alle Geschäfte abschließen, welche zum Betriebe dieses ihm erlaubten Geschäfts ihrer Art nach nöthig sind. Er kann Kaufgeschäfte abschließen, Stundungen gewähren, aber er kann keine fremden Verbindlichkeiten übernehmen, keine Wechselverbindlichkeiten und keine Darlehne aufnehmen; also zu den hauptsächlichsten für Genossenschaften in Betracht kommenden Geschäften ist immer die Genehmigung des Vormundschaftsgerichts nothwendig. Halten Sie sich daher möglichst fern vom Verkehr mit Mündeln oder, wenn Sie doch die Geschäfte machen müssen, — es sterben z. B. die Eltern — so suchen Sie sich in allen Fällen durch die Genehmigung des Vormundschaftsgerichts zu decken. Ebenso ist es, wenn ein Mitglied entmündigt wird oder sonst unter Kuratel kommt, dann lassen Sie sich sofort die Genehmigung des Vormundschaftsgerichts geben, dann sind Sie aller Gefährdungen enthoben.

Wie ist es nun, wenn Sie mit einem Mündel Verträge abschließen ohne die erforderliche Genehmigung? Hier ist zu unterscheiden, ob Sie gewußt haben, daß der Betreffende ein Mündel ist oder nicht. — Haben Sie einen Kreditvertrag abgeschlossen und Sie wissen, daß der Schuldner Mündel ist, dann sind Sie an den Vertrag gebunden; Sie haben nur das Recht, den gesetzlichen Vertreter aufzufordern, sich zu erklären, ob er das Geschäft innerhalb einer Frist von 14 Tagen genehmigt oder nicht. Genehmigt es der Vormund, dann ist Alles gut; wenn nicht, dann sind Sie auch nicht gebunden und können auch das Verhältniß lösen. Haben Sie nicht gewußt, daß der Betreffende ein Mündel ist, dann können auch Sie den Vertrag widerrufen und sind an denselben nicht gebunden.

Wie, wenn Sie Geld ohne Ermächtigung gegeben haben und Sie wollen es zurückhaben? Ein Darlehnsvertrag oder ein Kreditvertrag, der ohne die erforderliche Genehmigung geschlossen ist, ist ungiltig; doch deswegen sind Sie, meine Herren, nicht aller Rechte beraubt. Wenn das Geld zum Besten des Mündels verwendet worden ist, wenn eine Bereicherung vorliegt, muß er unter dem Gesichtspunkte der ungerechtfertigten Bereicherung alles herausgeben, was Sie ihm vorgeschossen haben. Eine solche Bereicherung liegt nicht vor, wenn der Mündel das Geld durchgebracht hat, sondern nur dann, wenn sein Vermögen eine Vermehrung erfahren hat. Im letzteren Falle haben Sie ein Rückforderungsrecht; denn Niemand hat einen Anspruch darauf, auf Kosten Anderer sein Vermögen zu bereichern.

Wenn Sie nun einen Mündel als Mitglied haben, wie ist es dann mit der Ausübung dessen Mitgliederrechte? Die kann er natürlich nach dem Genossenschaftsgesetz nicht selbstständig ausüben, namentlich das Stimmrecht nicht, sondern muß sie durch seinen gesetzlichen Vertreter ausüben lassen. Man könnte Zweifel haben bezüglich Derjenigen, die handlungsfähig sind, ob die, wenn sie die Erlaubniß zum Eintritt in die Genossenschaft haben, nicht die Rechte eines Genossen ausüben können. Ich glaube nicht; denn auch die Ausübung des Stimmrechts in der Generalversammlung braucht nicht lediglich Vortheile zu bringen, sondern kann bedenkliche Nachtheile haben. Also auch hier lassen Sie nur den gesetzlichen Vertreter stimmen.

Die Austrittserklärung kann nie durch den Mündel selber erfolgen. Hier kann vielmehr nur der gesetzliche Vertreter die Austrittserklärung abgeben. Diese ist eine einseitige Rechtshandlung, welche ein Bevormundeter nie selbst, sondern nur durch den gesetzlichen Vertreter abgeben kann. Selbstverständlich ist, wenn der Mündel großjährig wird, daß er dann, wenn vorher auch die erforderliche Genehmigung nicht vorgelegen hat, alle Geschäfte nicht bloß ausdrücklich, sondern auch stillschweigend genehmigen kann, z. B. durch Entgegennahme und Anerkennung der Konto-Auszüge.

Das ist in kurzen Zügen Dasjenige, was ich aus dieser Materie für Sie als wissenswerth erachte. Es gäbe noch eine Reihe von Fragen, die hier angeschnitten werden könnten, allein sie sind theilweise so subtiler Natur, daß sie Sie höchstens verwirren könnten. Es genügt im Großen und Ganzen zu wissen, wie Sie es mit bevormundeten Personen zu halten haben; der beste Rath ist der, sich möglichst fern vom Geschäftsverkehr mit solchen Personen zu halten oder, wenn es nicht geht, bei zweifelhaften Fragen sich immer an das Vormundschaftsgericht zu wenden; denn wie in einem streitigen Rechtsfalle später einmal entschieden wird, wissen wir nie. Gottes Wege sind bekanntlich dunkel, aber die der Juristen noch viel dunkler.

Gottes Wege haben den Vorzug, daß sie gerecht sind, aber manchmal führen die dunklen Wege der Juristen zu einem Resultat, das nicht mehr der natürlichen Gerechtigkeit entspricht.

Herrosé & Ziemsen, Wittenberg.

Herrosé & Ziemsen, Wittenberg.

FSC
www.fsc.org
MIX
Papier | Fördert gute Waldnutzung
FSC® C083411

Kolibri 360 GmbH
Ferdinand-Jühlke-Straße 7
99095 Erfurt, Deutschland
produktsicherheit@kolibri360.de